JN059379

教科書
ガイド
三省堂 版

マイウェイ
English
Communication II

T E X T

B O O K

G U I D E

文研出版

はじめに

　本書は、三省堂発行の高等学校の英語教科書『MY WAY English Communication II』で学習するみなさんの予習と演習のために執筆されました。

　英語の勉強は事前に自ら調べ、また、授業のあとで復習し演習することで、学習した内容を確かなものにすることができます。本書はこうした予習と演習をより効果的に進めることを目的に作られた案内書であり、教科書本文の日本語訳や問題の解答をそのまま与えるものではありません。

　本書では、教科書の内容を正しく理解するだけでなく、教科書で扱われる表現や文法の体系をわかりやすく解説し、さらに多くの例題を解くことによりその定着をはかることを目指しました。本書を教科書本文の理解に役立たせるばかりでなく、みなさんが積極的に英語でコミュニケーションを行う手がかりとして利用していただければ幸いです。

2023年2月

編集部

本書の構成と使用上の注意

● **題材の解説**

　各課のはじめに、作者や作品についての解説や、背景知識などが紹介されています。授業の前に題材の概要を把握しておくと、学習する上で効果的です。

● **教科書本文と** **ＡＢＣ** **単語・語句の研究**

　レッスンの本文をセクションごとに転載し、「読解のポイント」を提示しています。また、そのセクションの新出語句をチェック欄とともに本文の下に掲載しています。例や参考も語彙を広げるのに役立ちます。

● **解説**

　本文を理解する上で重要な箇所を取り上げ、文型、文法、および語句や表現の観点からわかりやすく解説してあります。解説のあとの **確認** では、解説の要点を理解できているかどうかを確認することができます。

● **文型と文法の解説**

　教科書の Grammar で取り上げられている文法項目を詳しく解説しています。

● **確認問題**

　段階を踏んで英語の理解を総合的に確認できるように、次のような内容で３〜４ページ構成になっています。

大問１〜６（語彙・表現・文法問題）：

　教科書で学んだ語彙・表現・文型・文法・語法などについて、演習します。

大問７〜８（総合問題）：

　教科書本文の抜粋を掲載し、英文和訳・和文英訳・整序問題などを設けました。内容・要点の把握と理解を総合的に確認します。

CONTENTS

Dances Around the World

　世界にはバレエやストリートダンス、社交ダンスなどさまざまなダンスがあります。ストリートダンスについては、2021年に世界初のプロダンスリーグであるD.LEAGUE（Dリーグ）が日本で開幕し、Section 3で紹介されているブレイクダンスは「ブレイキン」として2024年パリオリンピックの正式競技にも追加されました。

　日本の伝統的な踊りには、日本舞踊や神楽、盆踊りなどがあります。北海道のソーラン節、徳島県の阿波踊り、高知県のよさこい、沖縄県のカチャーシーなど、地域に根ざした踊りも親しまれています。

　本文に出てくるダンス以外にも、自分の住んでいる地域の踊りや、外国のダンスについて調べてみるのもおもしろいかもしれません。ダンスの成り立ちを通して、その国や地域の歴史と文化について考えてみましょう。

Section 1

教科書p.10

 **読解のポイント**

1. フラダンスはどのように生まれましたか。
2. フラダンスにはどのような特徴がありますか。

① There are many dances around the world. ② Each of them has a unique background. ③ Here, let's look at three styles of dancing: the hula, Irish dance, and breakdancing.

The first dance is the hula in Hawaii. ④ It comes from the indigenous religion there. ⑤ In ancient Hawaii, people showed their respect for gods by dancing. ⑥ They also danced to pass on important values from generation to generation. ⑦ That was because they had no formal writing system at the time. ⑧ In other words, the hula was more than a leisure activity.

⑨ In the hula, dancers use their hands to express emotions and things in nature. ⑩ The dancers believe that they can communicate various messages through the hula.

ⒶⒷⒸ 単語・語句の研究

☐ **background** [bǽkgraund]	图 背景 参考 back（背後の）、ground（地面）
☐ hula [húːlə]	图 フラダンス
☐ Irish [áiriʃ]	形 アイルランドの 参考 Ireland（アイルランド）
☐ breakdancing [bréikdæ̀nsiŋ]	图 ブレイクダンス
☐ **religion** [rilídʒən]	图 宗教 参考 religious（宗教的な）
☐ **ancient** [éinʃənt]	形 古代の　▶発音に注意
☐ pass on ～	～を伝える 参考 pass（～を…に手渡す） 例 My mother passed on the story to me. （母は私にその話を伝えた）
☐ **generation** [dʒènəréiʃn]	图 世代

☐ from generation to generation	代々	
	例 This tradition was handed down from generation to generation. (この伝統は代々受け継がれた)	
☐ writing system	書きことばのしくみ	
☐ at the time	当時	
	例 I was sixteen at the time. (当時、私は16歳だった)	
☐ **leisure** [líːʒər]	图 余暇、レジャー　▶発音に注意	

解説

① **There are many dances around the world.**
- there are ～は「～がある［いる］」、around the world は「世界中に」の意味。

② **Each of them has a unique background.**
- 主語が Each of them なので、動詞は has と三単現の形になっている。them は前文にある、世界中のたくさんのダンスをさす。

③ **Here, let's look at three styles of dancing: the hula, Irish dance, and breakdancing.**
- :（コロン）は後ろに語句や文を置いて、例を示したり前の文を言いかえたりするために使われる。ここでは、three styles of dancing の例として、the hula, Irish dance, and breakdancing と 3 種類のダンスを挙げている。

④ **It comes from the indigenous religion there.**
- come from ～は「～に由来する」の意味。
- indigenous は「先住民の」という形容詞。
- It は the hula、there は in Hawaii をさす。

⑤ **In ancient Hawaii, people showed their respect for gods by dancing.**
- their respect for gods が showed の目的語になっている。

⑥ **They also danced to pass on important values from generation to generation.**

- to pass on 〜 generationは不定詞の副詞的用法。古代のハワイの人々が踊った目的を示している。
- from generation to generationは「代々」の意味。

⑦ **That was because they had no formal writing system at the time.**

- That was because 〜は「それは〜だからだった」の意味。前文の理由を説明している。

⑧ **In other words, the hula was more than a leisure activity.**

- in other wordsは「言いかえると、つまり」の意味。
- more than 〜は「〜どころではなく、〜以上で」の意味。
- 古代のハワイの人々にとって、フラダンスは単なる楽しみではなかったということ。

⑨ **In the hula, dancers use their hands to express emotions and things in nature.**

- to express 〜 natureは不定詞の副詞的用法。ダンサーが手を使う目的を示している。

⑩ **The dancers believe that they can communicate various messages through the hula.**

- このthatは「〜ということ」という意味の接続詞。
- that 〜 the hulaがbelieveの目的語になっている。thatのあとはthey can communicateと〈S + V〉の形になっている。このようにthatのあとに〈S + V〉が続いているものをthat節という。
- 関係代名詞whatのあとに〈S + V〉を続けると「(主語)が〜すること、もの」という意味になる。whatのあとに〈S + V〉が続いているものをwhat節という。
- 確認 (　　)内に適切な語を入れなさい。
  ア．私は彼が北海道に住んでいることを知っている。
  I know (　　　) he lives in Hokkaido.
  イ．あなたはグリーン先生が言ったことを覚えていますか。
  Do you remember (　　　) Ms. Green said?

Section 2

LESSON 1

Section 2

教科書 p.12

 読解のポイント

1. アイリッシュダンスにはどのような特徴がありますか。

2. アイリッシュダンスにはなぜそのような特徴があるのですか。

The next example is Irish dance. ① It is famous for the dancers' quick steps.

This dance dates back to the 16th century. In those days, Ireland was a colony of England. ② People there were not allowed to perform their traditional music or dance. ③ As a result, Irish people quietly sang their songs indoors and created a new way of dancing. In the dance, they did not move their upper bodies. They only moved their legs. ④ Thus, when someone outside looked through the window, the person could not tell if they were dancing.

⑤ Irish people tried to protect their tradition by stamping their feet to their own music. ⑥ The dance shows Irish people's quiet but strong resistance against England at the time.

単語・語句の研究

□ date back to ~	~にさかのぼる 例 This custom dates back to the 1800s. （この慣習は1800年代にさかのぼる）
□ in those days	当時 例 In those days, Tokyo was called Edo. （当時、東京は江戸と呼ばれていた）
□ Ireland [áiərlənd]	名 アイルランド 参考 Irish（アイルランドの）
□ colony [kúləni]	名 植民地
□ allow(ed) [əláu(d)]	動 許可する　▶発音に注意
□ perform [pərfɔ́ːrm]	動 演奏する、演じる
□ as a result	結果として 参考 as（~として）、result（結果） 例 As a result, the amount of garbage reduced. （結果として、ごみの量は減った）

9

☐ **quietly** [kwáiətli]	副 静かに	
☐ **indoors** [indɔ́ːrz]	副 室内で	
☐ **upper** [ʌ́pər]	形 上の、上部の	
☐ upper body	上半身	
☐ **resistance** [rizístəns]	名 抵抗	

解説

① **It is famous for the dancers' quick steps.**
- It は Irish dance をさす。
- be famous for 〜は「〜で有名である」の意味。

② **People there were not allowed to perform their traditional music or dance.**
- 過去の受け身の否定文。〈allow + 人 + to 〜〉は「…が〜するのを許可する」の意味。
- People there が文の主語。there は in Ireland のこと。

③ **As a result, Irish people quietly sang their songs indoors and created a new way of dancing.**
- 主語は Irish people で、動詞は sang と created の2つ。
- a way of 〜ing で「〜する方法」の意味。

④ **Thus, when someone outside looked through the window, the person could not tell if they were dancing.**
- thus は「したがって」の意味。前の2文の内容にどのような意味があるかを説明している。
- someone outside が when 節の主語。
- 〈tell if + S + V 〜〉は「(主語)が〜かどうかわかる」の意味。〈if + S + V〉や〈whether + S + V〉は「〜かどうか」という意味で、動詞の目的語になる。〈whether + S + V 〜 or not〉の形は whether しか使えないので注意。
- 確認 （　）内に適切な語を入れなさい。
  - ア．私は彼女がスタジアムへの行き方を知っているかどうかたずねた。
    I asked (　　) (　　) knew how to get to the stadium.
  - イ．私は彼らが来るかどうか知らない。
    I don't know (　　) (　　) will come or not.

⑤ **Irish people tried to protect their tradition by stamping their feet to their own music.**
- try to 〜で「〜しようとする」の意味。
- to their own music の to は「〜に合わせて」の意味。

⑥ **The dance shows Irish people's quiet but strong resistance against England at the time.**
- Irish people's 〜 at the time が動詞 shows の目的語になっている。
- against は「〜に対して、反対して」の意味。

Section 3

教科書 p.14

 **読解のポイント**

1. ブレイクダンスが生まれたのはどのような時代でしたか。
2. この文章によると、ダンスとは人々にとってどのようなものですか。

The last example is breakdancing. ① This dance is known for its acrobatic moves such as head spinning. The dance is a part of hip hop culture.

② Breakdancing was born in New York City's local communities in the 1970s. ③ In those days, fights between gangs often happened in the city. ④ Some members asked themselves if there was a peaceful solution. ⑤ They began to use breakdancing to decide on the winner of a fight. Afterward, the dance gradually became popular across the US. ⑥ Today, breakdancing attracts many young people around the world.

⑦ Dances are connected with the culture of their birthplace. ⑧ Through dances, people have expressed their ideas and feelings. Dancing is a way of communication.

ABC 単語・語句の研究

☐ be known for ~	～で知られている **参考** known (know の過去分詞) **例** Ehime is known for its oranges. （愛媛はみかんで知られている）
☐ acrobatic [æ̀krəbǽtik]	形 アクロバットの、曲芸的な ▶発音に注意
☐ head spinning	ヘッドスピン((地面につけた頭を支点にして回る動き))
☐ spin(ning) [spín(iŋ)]	動 回転する
☐ hip hop [híphὰp]	名 ヒップホップ
☐ New York City [nùːjɔ́ːrksìti]	ニューヨーク市((米国ニューヨーク州東南部にある市))
☐ 1970s	= nineteen seventies (1970年代)

□ decide on ~	~を決める
	例 They decided on their baby's name.
	(彼らは赤ちゃんの名前を決めた)
□ **winner** [wínər]	名 勝者
	参考 win (勝つ)、-er (~する人)
□ **afterward** [ǽftərwərd]	副 のちに、その後
□ **gradually** [grǽdʒuəli]	副 だんだんと、次第に
□ **birthplace** [bə́ːrθplèis]	名 出生地、発祥の地
	参考 birth (誕生)、place (場所)

解説

① **This dance is known for its acrobatic moves such as head spinning.**
- such as ~は「~のような」の意味で、具体例を挙げるときに用いる表現。ブレイクダンスのacrobatic movesの例としてhead spinningを挙げている。

② **Breakdancing was born in New York City's local communities in the 1970s.**
- be bornは「生まれる」の意味。
- in the 1970sは「1970年代に」の意味。

③ **In those days, fights between gangs often happened in the city.**
- fights between gangsが文の主語。
- the cityはNew York Cityをさす。

④ **Some members asked themselves if there was a peaceful solution.**
- 〈ask + 人 + if ~〉は「…に~かどうかをたずねる」の意味。ifのあとは〈S + V〉の形にする。if節だけでなく、that節やwhat節も〈動詞 + 人 + もの〉の「もの」の位置に置くことができる。
- 確認 ( ) 内に適切な語を入れなさい。
  ア．私は彼に犬が好きかどうかをたずねた。
  I asked ( ) ( ) he liked dogs.

イ．エマは私にカナダ出身だということを教えてくれた。

Emma told (　　　) (　　　) she was from Canada.

⑤ **They began to use breakdancing to decide on the winner of a fight.**

- begin to ～は「～し始める」の意味。began は begin の過去形。

⑥ **Today, breakdancing attracts many young people around the world.**

- attract は「引きつける」の意味。many young people around the world が目的語になっている。

⑦ **Dances are connected with the culture of their birthplace.**

- be connected with ～は「～と関係がある」の意味。
- their birthplace の their は Dances をさしている。

⑧ **Through dances, people have expressed their ideas and feelings.**

- 現在完了〈have + 過去分詞〉の文。ここでは「(ずっと)～してきた」という継続の意味。
- their ideas and feelings が目的語になっている。their は people をさしている。

文型と文法の解説

1 SVO (O = that / what 節)

◉ 「〜ということを…する」＝ [S (主語) + V (動詞) + that / what 〜]

The dancers believe that they can communicate various messages .
(S)　　　　(V)　　　(S')　　　　　(V')
(O)

(ダンサーたちはさまざまなメッセージを伝えることができると信じている)

● S + V + that 〜

　〈S + V + that 〜〉は「〜ということを…する」という意味。接続詞 that のあとは〈S' + V' 〜〉の形にする。that 節〈that + S' + V' 〜〉が文の目的語になる。

　例 I think **that** this book is difficult. （私はこの本は難しいと思う）

● S + V + what 〜

　〈S + V + what 〜〉は「〜すること [もの] を…する」という意味。関係代名詞 what のあとは〈S' + V' 〜〉の形にするが、O'（目的語）は置かない。what 節〈what + S' + V' 〜〉が文の目的語になる。

　例 I know **what** my sister wants.
　（私は姉がほしいと思っているものを知っている）

2 SVO (O = if / whether 節)

◉ 「〜かどうか…する」＝ [S (主語) + V (動詞) + if / whether 〜]

The person could not tell if they were dancing .
(S)　　　　(V)　　　(S')　　　(V')
(O)

(その人は、彼らが踊っているかどうかわからなかった)

　〈S + V + if[whether] 〜〉は「〜かどうか…する」という意味。〈whether + S' + V' 〜 or not〉の場合、whether しか使えないので注意。

　例 I wonder **if** it will be sunny tomorrow.
　（私は明日は晴れるのだろうかと思う）
　I want to know **whether** he likes coffee or not.
　（私は彼がコーヒーを好きかどうか知りたい）

3 SVO$_1$O$_2$ (O$_2$ = if / that / what節)

◉「…に～かどうかをたずねる」= [S (主語) + ask + O$_1$ + if ～]

Some members asked themselves **if** there was a peaceful solution.

     (S)   (V)   (O$_1$)   (O$_2$)

(平和的な解決策があるかどうかを自問したメンバーもいた)

SVO$_1$O$_2$の文でよく使われる動詞には、次のようなものがある。
ask (…に～をたずねる)、tell (…に～を教える、言う)、show (…に～を見せる)、give (…に～を与える)、teach (…に～を教える) など

● S + V + O$_1$ + if ～

〈S + V + O$_1$ + if ～〉は「…に～かどうか―する」という意味。ifのあとは〈S' + V' ～〉の形にする。if節〈if + S' + V' ～〉がO$_2$ (2つ目の目的語) になる。

例 I asked my brother **if** he would go out.

　(私は兄 [弟] に出かけるかどうかたずねた)

● S + V + O$_1$ + that ～

〈S + V + O$_1$ + that ～〉は「…に～ということを―する」という意味。thatのあとは〈S' + V' ～〉の形にする。that節〈that + S' + V' ～〉がO$_2$ (2つ目の目的語) になる。

例 Ryan told me **that** we had practice after school.

　(ライアンは私に、放課後に練習があることを教えた)

● S + V + O$_1$ + what ～

〈S + V + O$_1$ + what ～〉は「…に～するもの [こと] を―する」という意味。whatのあとは〈S' + V' ～〉の形にする。what節〈what + S' + V' ～〉がO$_2$ (2つ目の目的語) になる。

例 We will show you **what** we made.

　(私たちは、作ったものをあなたに見せるつもりだ)

確認問題

1 下線部の発音が同じものには○、違うものには×を（　）に書き入れなさい。

(1) ancient ― eight　　　（　　　）

(2) generation ― education　（　　　）

(3) leisure ― bean　　　（　　　）

(4) allow ― borrow　　　（　　　）

(5) acrobatic ― famous　　（　　　）

2 □□□から最も適切な語を選び、（　）に書き入れなさい。

(1) Skiing is one of the most popular （　　　） activities.

(2) Please tell me （　　　） you want for your birthday.

(3) He believes （　　　） we can solve the problem.

(4) Kenya was a colony of the U.K. （　　　） that time.

(5) The pianist is going to （　　　） tonight.

that	perform	at	what	leisure

3 日本語に合うように、（　）内に適切な語を入れなさい。

(1) あなたはここで写真を撮ってはいけません。

You are not （　　　） to take pictures here.

(2) そのバンドは徐々に有名になった。

The band （　　　） became famous.

(3) 彼は宗教と科学の関係を研究している。

He studies the relationship between （　　　） and science.

(4) 彼らは異なる社会的背景を持っている。

They have different social （　　　）.

(5) 静かにドアを閉めてください。

Please close the door （　　　）.

4 日本語に合うように、( )内に適切な語を入れなさい。

(1) その作家はユーモアのある作品で知られている。

The writer ( ) ( ) for her humorous works.

(2) 当時、砂糖は貴重で高価だった。

In ( ) ( ), sugar was valuable and expensive.

(3) 待ち合わせ場所を決めましょう。

Let's ( ) ( ) the meeting place.

(4) 私たちは伝統を次の世代に伝えたい。

We want to ( ) ( ) our tradition to the next generation.

(5) 結果として、私は試験に合格した。

As ( ) ( ), I passed the exam.

5 次の英語を日本語に訳しなさい。

(1) This player is the winner of the match.

_____

(2) I know that he is from Hawaii.

_____

(3) I can't tell if this story is true.

_____

6 日本語に合うように、[ ]内の語を並べかえなさい。

(1) チョコレートの歴史は16世紀にさかのぼる。

The history [of / back / chocolate / to / dates] the 16th century.

The history _____ the 16th century.

(2) 彼女はその映画を見たのだろうか。

[she / wonder / watched / I / whether] the movie or not.

_____ the movie or not.

(3) 私たちは彼に、彼が手に持っているものをたずねた。

[asked / had / what / he / him / we] in his hand.

_____ in his hand.

7 次の英文を読み、設問に答えなさい。

The next example is Irish dance. It is famous for the dancers' quick steps.

①This dance (   ) (   ) (   ) the 16th century. ②(   ), Ireland was a colony of England. People there were not allowed to perform their traditional music or dance. ③(   ), Irish people quietly sang their songs indoors and created a new way of dancing. In the dance, they did not move their upper bodies. They only moved their legs. ④Thus, when someone outside looked through the window, the person could not tell if they were dancing.

Irish people tried to protect their tradition by ⑤(stamp) their feet to their own music. The dance shows Irish people's quiet but strong resistance against England at the time.

(1) 下線部①が「このダンスは16世紀にさかのぼる」という意味になるように、(   )にそれぞれ適する語を入れなさい。

_____ _____ _____

(2) 空所②③に入る最も適切な語句をそれぞれ選び、記号で答えなさい。
　　ア．By mistake　　イ．As a result
　　ウ．At least　　エ．In those days
　　②(   )　③(   )

(3) 下線部④を日本語に訳しなさい。

_____

(4) ⑤の単語を適切な形に直しなさい。

_____

(5) 本文の内容に合うように、次の質問に英語で答えなさい。
　　Did Irish people move their upper bodies in Irish dance?

_____

8 次の英文を読み、設問に答えなさい。

The last example is breakdancing. This dance is known ①(   ) its acrobatic moves such as head spinning. The dance is a part of hip hop culture.

Breakdancing ②(be) born in New York City's local communities in the 1970s. In those days, fights between gangs often happened in the city. ③Some members [if / themselves / there / asked / was] a peaceful solution. ④They began to use breakdancing to decide on the winner of a fight. Afterward, the dance gradually became popular across the US. Today, breakdancing attracts many young people around the world.

Dances are connected with the culture of their birthplace. Through dances, people have ⑤(express) their ideas and feelings. Dancing is a way of communication.

(1) 空所①に入る最も適切な語を選び、記号で答えなさい。
　　ア. by　　イ. in　　ウ. for　　エ. with　　　　　　　(　　　)

(2) ②の単語を適切な形に直しなさい。

_____

(3) 下線部③が「平和的な解決策があるかどうか自問したメンバーもいた」という意味になるように、[　　]内の語を並べかえなさい。
Some members _____

_____ a peaceful solution.

(4) 下線部④を日本語に訳しなさい。

_____

(5) ⑤の単語を適切な形に直しなさい。

_____

(6) 本文の内容に合うように、次の質問に英語で答えなさい。
What often happened in New York City in the 1970s?

_____

Katsura Sunshine
— Making the World Laugh

　落語家の桂三輝 (本名：グレゴリー・ロビック) さんはスロベニア生まれの両親のもと、カナダのトロントで生まれ育ちました。カナダで劇作家や作曲家として活動していましたが、29歳のとき、能や歌舞伎など日本の伝統的な舞台芸術を見るために来日。5年後に横浜の焼き鳥店で開かれた落語会で落語に出会い、2008年に桂三枝 (現：6代目桂文枝) さんに弟子入りして落語の道に入りました。

　三輝さんは北米や欧州、アジア、アフリカなど世界各地において落語公演を実施。2019年にはニューヨークでロングラン公演も行い、「第10回オフブロードウェー・アライアンス・アワード」にもノミネートされました。新型コロナウイルス感染症の影響で日本に戻ったあとも、YouTubeで英語落語を配信したり、アメリカ人向けにリモートけいこを行ったりしていました。2022年にロンドンとニューヨークの同時公園を再開しています。

　落語は日本の伝統的な話芸です。和服を着た落語家が、扇子や手ぬぐいなどの小道具を使いながら、噺に出てくるすべての人物を1人で演じます。古典落語は、内容にも日本古来の文化が色濃く反映されています。これを英語で海外の観客にどのように伝え、どのように笑いをとっていくのでしょうか。三輝さんの落語に対する姿勢を読み、異なる文化圏で笑いを伝えていく難しさ、おもしろさについて考えてみましょう。

Section 1

教科書 p.22

読解のポイント

1. 三輝さんが最初に日本に来た目的は何でしたか。
2. 三輝さんはなぜ落語に感銘を受けましたか。

Interviewer : ① Why did you get interested in *rakugo*?

Sunshine : ② I first came to Japan to see *noh* and *kabuki* because I was involved in the performing arts in Canada. ③ One day, I happened to see *rakugo* in a casual *yakitori* restaurant. ④ It was difficult for me to understand the whole story. ⑤ But I was impressed with *rakugo* because one performer played every role in a story.

I : ⑥ How did you become a professional *rakugo* performer?

S : ⑦ I became an apprentice of my favorite *rakugo* performer, Katsura Bunshi. ⑧ Generally speaking, I was too old to enter the *rakugo* world then. ⑨ So it was surprising that he accepted me. ⑩ He expected me to spread *rakugo* to the world in the future. ⑪ He named me Sunshine.

ⒶⒷⒸ 単語・語句の研究

□ **interviewer** [íntərvjùːər]	图 インタビュアー 参考 interview（インタビュー（する））
□ performing arts	舞台芸術
□ happen to 〜	偶然〜する 例 I happened to see Ken on the train. （私は電車で偶然健に会った）
□ **casual** [kǽʒuəl]	形 カジュアルな、くだけた
□ **performer** [pərfɔ́ːrmər]	图 演者、演奏者 参考 perform（演じる、演奏する）、 performance（演技、演奏、パフォーマンス）
□ **role** [róul]	图 役
□ **apprentice** [əpréntəs]	图 弟子 ▶アクセントに注意
□ **generally** [dʒénərəli]	副 一般的に 参考 general（一般的な）

☐ generally speaking

一般的に言えば

例 Generally speaking, the weather is mild in Spain.
(一般的に言えば、スペインの気候は穏やかだ)

☐ **expect(ed)** [ikspékt(id)]　　動 期待する

☐ **spread** [spréd]　　動 広める

 解説

① **Why did you get interested in *rakugo*?**
- get interested in ～は「～に興味を持つ」の意味。

② **I first came to Japan to see *noh* and *kabuki* because I was involved in the performing arts in Canada.**
- to see *noh* and *kabuki*は不定詞の副詞的用法。三輝さんが日本に来た目的を示している。
- be involved in ～は「～に携わる、参加する」の意味。三輝さんは、カナダで劇作家として活動していた。

③ **One day, I happened to see *rakugo* in a casual *yakitori* restaurant.**
- one dayは過去または未来の「ある日」。

④ **It was difficult for me to understand the whole story.**
- このItは形式主語。to understand the whole story（その話全体を理解すること）をさしている。for meはto以下の意味上の主語。

  確認　（　）内に適切な語を入れなさい。
  ア．夜早く寝ることは大切だ。
  　　（　　　）is important（　　　）（　　　）to bed early.
  イ．私がその質問に答えることは不可能だった。
  　　（　　　）was impossible（　　　）me（　　　）answer the question.

⑤ **But I was impressed with *rakugo* because one performer played every role in a story.**
- be impressed with ～は「～に感動する」の意味。

⑥ **How did you become a professional *rakugo* performer?**
- このHowは「どのように」という手段・方法をたずねている。
- *rakugo* performerは「落語を演じる人」つまり「落語家」のこと。

⑦ **I became an apprentice of my favorite *rakugo* performer, Katsura Bunshi.**
- my favorite *rakugo* performer「私のいちばん好きな落語家」とKatsura Bunshi「桂文枝」が同格の関係になっている。

⑧ **Generally speaking, I was too old to enter the *rakugo* world then.**
- generally speakingは「一般的に言えば」の意味。慣用的な分詞構文として使われる表現。
- 〈too + 形容詞 + to + 動詞の原形〉で「~するには…すぎる、…すぎて~できない」の意味になる。
  例 It is too cold to swim in the sea today.
  （今日は海で泳ぐには寒すぎる＝今日は寒すぎて海で泳ぐことができない）

⑨ **So it was surprising that he accepted me.**
- このitは形式主語。that he accepted me（彼が私を受け入れたこと）をさしている。
- 確認 （   ）内に適切な語を入れなさい。
  私たちが試合に負けたことはがっかりだった。
  （   ） was disappointing （   ） we lost the game.
- heは⑦のKatsura Bunshiをさす。

⑩ **He expected me to spread *rakugo* to the world in the future.**
- 〈expect + 人 + to + 動詞の原形〉で「（人）が~するのを期待する」という意味になる。
  例 I expect you to believe me.
  （私はあなたが私を信じてくれるのを期待します）

⑪ **He named me Sunshine.**
- 〈name + （人など） + （名前）〉で「（人など）を~と名づける」という意味。
  例 I named the cat Tama.
  （私はその猫をタマと名づけた）

Section 2

教科書 p.24

 読解のポイント

1. 三輝さんは海外で落語をするとき、何が重要だと考えていますか。
2. 三輝さんが落語に出てくる日本の鶴をフラミンゴに置きかえて演じたとき、観客はどのように反応しましたか。

I : ① What's important when you perform *rakugo* overseas?

S : ② I consider it important to keep the original stories, including the settings and characters. ③ By doing this, international audiences become absorbed in Japanese culture. As a result, they laugh more.

I : ④ How did you realize that?

S : ⑤ In a performance in the US, I told a Japanese story which included an episode about a crane and a tortoise. ⑥ I didn't think the audience was familiar with a Japanese crane. ⑦ So I replaced it with a flamingo. ⑧ The audience didn't laugh as much as I had expected. ⑨ Later, I found out the reason. ⑩ The word "flamingo" brought their minds to Florida because it's famous for those birds. ⑪ I realized I had to keep their minds in a Japanese world.

ABC 単語・語句の研究

- [ ] **setting(s)** [sétiŋ(z)]　图（場面）設定
  参考 set（設定する、定める）

- [ ] **audience(s)** [ɔ́:diəns(iz)]　图 観客、聴衆

- [ ] **absorb(ed)** [əbzɔ́:rb(d)]　動 夢中にさせる、吸収する　▶発音に注意

- [ ] (be) absorbed in ~　～に没頭している
  例 Yuki is absorbed in playing the guitar.
  （祐樹はギターを弾くことに没頭している）

- [ ] tortoise [tɔ́:rtəs]　图 カメ　▶発音に注意
  参考 tortoise は陸にすむカメをさす。ウミガメは turtle。

- [ ] be familiar with ~　～になじみがある
  例 Our English teacher is familiar with Japanese culture.
  （私たちの英語の先生は日本文化になじみがある）

- [ ] **replace(d)** [ripléis(t)]　動 取りかえる

☐ replace ～ with ...	～を…に取りかえる **例** I replaced my computer with a new one. （私はコンピュータを新しいものに取りかえた）
☐ not ～ as much as ...	…ほど～ない **例** I was not nervous as much as I thought. （私は思っていたほど緊張しなかった）
☐ Florida [flɔ́ːrədə]	**名** フロリダ（（アメリカ南東部の州））

 解説

① **What's important when you perform *rakugo* overseas?**
   - このwhen ～は「～するときに」という条件を表す。

② **I consider it important to keep the original stories, including the settings and characters.**
   - ここのitは形式目的語。itはto以下をさし、〈consider it + 形容詞 + to不定詞〉で「～することは…だと考える」という意味になる。
   - **確認** （　）内に適切な語を入れなさい。
   私は、自分の考えを説明することが必要だと考えます。
   I consider (　　) necessary (　　) explain my idea.

③ **By doing this, international audiences become absorbed in Japanese culture.**
   - doing this「これをすること」は、前文のto keep ～ and charactersをさす。
   - be absorbed in ～で「～に没頭している」の意味。ここではbeではなくbecomeを使って「～に没頭するようになる」という状態の変化を表している。

④ **How did you realize that?**
   - Howは「どのように」という方法・手段をたずねる疑問詞。
   - thatは直前の三輝さんの発言の内容全体をさす。

⑤ **In a performance in the US, I told a Japanese story which included an episode about a crane and a tortoise.**
   - which は story を先行詞とする関係代名詞。which ～ a tortoise が a Japanese story を後ろから説明している。

⑥ **I didn't think the audience was familiar with a Japanese crane.**
- think のあとに接続詞 that が省略されている。didn't think (that) ～で「～とは思わなかった」という意味になる。

⑦ **So I replaced it with a flamingo.**
- it は前文の a Japanese crane をさす。

⑧ **The audience didn't laugh as much as I had expected.**
- 〈had＋過去分詞〉は過去完了。過去の一時点（観客が笑わなかったとき）よりさらに前のできごと（私が期待していた）を表す表現。

⑨ **Later, I found out the reason.**
- find out ～は「～がわかる、（情報や理由を）知る」の意味。

⑩ **The word "flamingo" brought their minds to Florida because it's famous for those birds.**
- bring ～ to ... で「～を…に連れてくる」の意味になる。
- 文後半の it は Florida、those birds は flamingos をさす。
- be famous for ～は「～で有名だ」の意味。

⑪ **I realized I had to keep their minds in a Japanese world.**
- 〈realize (that)＋S＋V〉で「SがVであることに気づく」の意味になる。

Section 3

教科書p.26

 **読解のポイント**

1. 三輝さんが英語で落語をするとき、日本語の落語と変えないようにしているものは何ですか。
2. 三輝さんが落語の中でカナダに特有の英語表現を使わないのはなぜですか。

I : ① When you perform *rakugo* in English, what do you keep in mind?

S : ② I perform in the same style as I do in Japanese. ③ I use the same rhythms and pauses for my delivery. ④ Additionally, I try to pronounce each word clearly.

I : ⑤ So you don't speak English as you usually do?

S : No, I don't. ⑥ For example, I avoid expressions that are specific to Canada. ⑦ Otherwise, the audience may imagine that the story happened there. ⑧ In short, I consider it important that my English is somewhat neutral. ⑨ Using such English, I want to introduce authentic Japanese *rakugo* to the world.

ABC 単語・語句の研究

☐ **rhythm(s)** [ríðm(z)]　名 リズム　▶つづりに注意

☐ **pause(s)** [pɔ́:z(iz)]　名 ポーズ、間

☐ **additionally** [ədíʃnəli]　副 そのうえ、さらに

☐ **pronounce** [prənáuns]　動 発音する
　　参考 pronunciation（発音）

☐ **avoid** [əvɔ́id]　動 避ける

☐ **be specific to ～**　～に特有である
　　例 The hot and wet weather is specific to this area.
　　（暑く湿った気候はこの地域特有だ）

☐ **otherwise** [ʌ́ðərwàiz]　副 さもなければ

☐ **in short**　要するに
　　例 In short, I agree with you.
　　（要するに、私はあなたに賛成です）

☐ **somewhat** [sʌ́m(h)wʌ̀t]　副 やや、多少

☐ **neutral** [nú:trəl]　形 中立的な　▶つづりに注意

☐ **authentic** [ɔ:θéntik]　形 本格的な、本物の

解説

① **When you perform *rakugo* in English, what do you keep in mind?**
- When ~ in English, は「~するとき」という条件を表す副詞節。
- keep ~ in mindは「~に留意する、~を覚えておく」の意味。ここでは「~」の部分が何かをwhatでたずねている。

② **I perform in the same style as I do in Japanese.**
- 〈as + S + V〉で「SがVするように」という意味になる。
- doは代動詞で、文前半のperformをさす。

③ **I use the same rhythms and pauses for my delivery.**
- deliveryには「配達」の意味もあるが、ここでは「話し方」の意味で使われている。

④ **Additionally, I try to pronounce each word clearly.**
- additionallyは「そのうえ、さらに」という意味の副詞。
- try to ~は「~しようとする」の意味。

⑤ **So you don't speak English as you usually do?**
- 否定文の最後にクエスチョンマーク (?) がついている。「~しないのですね?」と確認する言い方。

⑥ **For example, I avoid expressions that are specific to Canada.**
- thatは主格の関係代名詞で、that are specific to Canada「カナダに特有である」がexpressions「表現」を説明している。

⑦ **Otherwise, the audience may imagine that the story happened there.**
- Otherwise「さもなければ」は、ここでは「カナダに特有の表現を避けない場合は」という意味。
- このmayは「~かもしれない」という推量を表す助動詞。
- 〈imagine that + S + V〉で「SがVであると想像する、思う」の意味になる。
- thereは前文のCanadaをさす。

⑧ **In short, I consider it important that my English is somewhat neutral.**

● このitは形式目的語。itはthat以下をさし、〈consider it ＋形容詞＋that節〉で「～ということは…だと考える」という意味になる。

🖋**確認** 語句を並べかえて英文を完成しなさい。

ア．私は、マイクがあなたの提案を気に入ることは確実だと考えます。

[consider / will like / I / Mike / clear / it / that] your suggestion.

イ．私は薫がサッカーをするのが上手だというのが本当だとわかった。

[Kaoru / I / it / played / that / true / found] soccer well.

⑨ **Using such English, I want to introduce authentic Japanese *rakugo* to the world.**

● Using such English, は付帯状況を表す分詞構文。「このような英語を使って、私は～したい」とそのときしている動作を表している。「このような英語」とは、地域に特有の表現などを使わない標準的な英語のこと。

● introduce ～ to ... で「～を…に紹介する」の意味。

文型と文法の解説

1 形式主語のit

◉ 「(人など) が〜することは…だ」＝ ［It is ... for ＋ (人など) ＋ to不定詞］

It was difficult **for** me **to understand** the whole story.

「その話全体を理解すること」

(私にとってその話全体を理解することは難しかった)

　このitは形式上の主語で、実際の主語はto understand the whole storyである。実際の主語が長いため、文末に移動させて、その代わりとして主語の位置に形式主語itを置く。このitには「それ」という意味はない。〈for ＋ 人〉はto不定詞以下の行為者を表す。

例 It is impossible **for** him **to find** a job in a week.
（彼が1週間で仕事を見つけるのは不可能だ）

It is not easy **for** Yuko **to speak** Spanish.
（優子にとってスペイン語を話すことは簡単ではない）

◉ 「〜ということは…だ」＝ ［It is ... that 〜］

It was surprising **that** he accepted me.

「彼が私を受け入れたこと」

(彼が私を受け入れたことは驚くべきことだった)

　このitは形式上の主語で、実際の主語はthat he accepted meである。実際の主語が長いため、文末に移動させて、その代わりとして主語の位置に形式主語itを置く。このitには「それ」という意味はない。

例 It is true **that** James will visit our town next week.
（ジェイムズが来週私たちの町を訪れるというのは本当だ）

It is obvious **that** he is right.
（彼が正しいのは明らかだ）

2 形式目的語の it ①

◉ 「～することは…だと考える」＝ [S ＋ consider ＋ O(it) ＋形容詞＋ to 不定詞]

I consider **it** important **to keep** the original stories.
(S) (V) (C) 「もとの物語を維持すること」
(O)

（私は、もとの物語を維持することが重要だと考える）

〈S（主語）＋ V（consider）＋ O（形式目的語の it）＋ C（補語＝形容詞）＋ to 不定詞〉の文。「～することは…だと考える」という意味になる。it（形式上の目的語）がさす実際の目的語は to keep the original stories である。実際の目的語が長いため、文末に移動させて、代わりに目的語の位置に形式目的語 it を置く。この it に「それ」という意味はない。consider 以外にも make や find が使われる。

例 He considers **it** interesting **to visit** old temples in Japan.
（彼は日本の古い寺を訪れることが興味深いと考えている）
I found **it** impossible **to get** home before seven.
（私は 7 時前に家に着くのは不可能だとわかった）

3 形式目的語の it ②

◉ 「～ということは…だと考える」＝ [S ＋ consider ＋ O(it) ＋形容詞＋ that 節]

I consider **it** important **that** my English is somewhat neutral.
(S) (V) (C) 「私の英語がいくぶん中立的であること」
(O)

（私は、私の英語がいくぶん中立的であることが重要だと考える）

〈S（主語）＋ V（consider）＋ O（形式目的語の it）＋ C（補語＝形容詞）＋ that 節〉の文。「～ということは…だと考える」という意味になる。it（形式上の目的語）がさす実際の目的語は that my English is somewhat neutral である。実際の目的語が長いため、文末に移動させて、代わりに目的語の位置に形式目的語 it を置く。この it に「それ」という意味はない。consider 以外にも、feel や make、find が使われる。

例 I considered **it** strange **that** Mike didn't answer my email.
（私はマイクが私のメールに返信しないことを不思議だと考えた）
He made **it** clear **that** it was a very important project.
（彼はそれがとても重要なプロジェクトであることを明らかにした）

確認問題

1 下線部の発音が同じものには○、違うものには×を（　　）に書き入れなさい。

(1) c<u>a</u>sual — repl<u>a</u>ced （　　　　）

(2) <u>o</u>therwise — s<u>o</u>mewhat （　　　　）

(3) spr<u>ea</u>d — s<u>e</u>tting （　　　　）

(4) Fl<u>o</u>rida — r<u>o</u>le （　　　　）

(5) interv<u>ie</u>wer — rh<u>y</u>thm （　　　　）

2 ［　　　］から最も適切な語を選び、（　　）に書き入れなさい。

(1) How do you (　　　) your name?

(2) I entered the cafe to (　　　) the rain.

(3) The (　　　) was impressed with her dance.

(4) I (　　　) you to come to the party.

(5) I like the (　　　) of this song.

avoid	audience	expect	pronounce	rhythm

3 日本語に合うように、（　　）内に適切な語を入れなさい。

(1) 彼女がこのテーブルを1人で運ぶのは不可能だ。

(　　　) (　　　) impossible (　　　) her (　　　) carry this table by herself.

(2) 彼が10時までに帰宅するというのは確かですか。

(　　　) (　　　) certain (　　　) he will be back by ten?

(3) 私はその新しいコンピュータを使うのは難しいと思った。

I thought (　　　) difficult (　　　) use the new computer.

(4) 私は母が怒るのも当然だと感じる。

I feel (　　　) natural (　　　) my mother should get angry.

(5) 彼らが大きな間違いをしたのは明らかだ。

(　　　) (　　　) clear (　　　) they made a big mistake.

4 日本語に合うように、(　　) 内に適切な語を入れなさい。

(1) 私はその本を偶然図書館で見つけた。

I (　　　) (　　　) find the book in the library.

(2) あなたはトルコ料理になじみがありますか。

Are you (　　　) (　　　) Turkish food?

(3) 私はコーヒーを牛乳に取りかえた。

I (　　　) coffee (　　　) milk.

(4) 要するに、私はあなたに感謝したい。

(　　　) (　　　), I want to thank you.

(5) 一般的に言えば、虫は大人には人気がない。

(　　　) (　　　), insects are not popular among adults.

5 次の英語を日本語に訳しなさい。

(1) It is difficult for me to understand his English.

_____

(2) She thought it impossible to find her bag.

_____

(3) I felt it strange that Bill didn't come to school today.

_____

6 日本語に合うように、[　　] 内の語句を並べかえなさい。

(1) 私たちのチームが試合に勝ったというのは本当だ。

[true / won / our team / that / is / it] the game.

_____ the game.

(2) できるだけ早く佐藤さんに会うことがあなたにとって重要だ。

[you / to / for / meet / it / important / is / Mr. Sato] as soon as possible.

_____ as soon as possible.

(3) 彼女はすべての質問に答えるのは難しいとわかった。

[to / found / she / difficult / answer / it] all the questions.

_____ all the questions.

7 次の英文を読み、設問に答えなさい。

Interviewer : Why did you get interested in *rakugo*?

Sunshine : I first came to Japan to see *noh* and *kabuki* because I was involved in the performing arts in Canada. One day, I ①( ) ( ) ( ) *rakugo* in a casual *yakitori* restaurant. ②It was difficult for me to understand the whole story. But I was impressed with *rakugo* because one performer played every role in a story.

I : How did you become a professional *rakugo* performer?

S : I became an apprentice of my favorite *rakugo* performer, Katsura Bunshi. ③Generally speaking, I was too old to enter the *rakugo* world then. So ④[accepted / was / that / he / it / surprising / me]. ⑤He expected me to spread *rakugo* to the world in the future. He named me Sunshine.

(1) 下線部①が「偶然落語を見た」という意味になるように（ ）にそれぞれ適する語を入れなさい。

　　_____ _____ _____ *rakugo*

(2) 下線部②のItがさしている部分を本文中から抜き出しなさい。

　　_____

(3) 下線部③を日本語に訳しなさい。

　　_____

(4) 下線部④が「彼が私を受け入れたことは驚くべきことだった」という意味になるように、[ ]内の語を並べかえなさい。

　　_____

(5) 下線部⑤を日本語に訳しなさい。

　　_____

8 次の英文を読み、設問に答えなさい。

Ⅰ : What's important when you perform *rakugo* overseas?

S : ①[to / consider / it / keep / I / important] the original stories, including the settings and characters. By doing this, international audiences become absorbed ②( ) Japanese culture. As a result, they laugh more.

Ⅰ : How did you realize that?

S : In a performance in the US, I told a Japanese story which included an episode about a crane and a tortoise. I didn't think the audience ③was ( ) ( ) a Japanese crane. So ④I replaced it with a flamingo. The audience didn't laugh as much as I had expected. Later, I found out ⑤the reason. The word "flamingo" brought their minds to Florida because it's famous for those birds. I realized I had to keep their minds in a Japanese world.

(1) 下線部①が「私は、もとの物語を維持することが重要だと考える」という意味になるように、[ ]内の語を並べかえなさい。

_____ the original stories

(2) 空所②に入る適切な前置詞を答えなさい。 _____

(3) 下線部③が「日本の鶴になじみがあった」という意味になるように、( ) にそれぞれ適する語を入れなさい。

was _____ _____ a Japanese crane

(4) 下線部④を、it がさす内容を明らかにして日本語に訳しなさい。

_____

(5) 下線部⑤がさす内容を、日本語で簡潔に書きなさい。

_____

LESSON 3

Living with Nature
― Takita Asuka's Journey

　滝田明日香さんはケニアに住む日本人獣医師であり、NPO法人「アフリカゾウの涙」の共同創設者でもあります。

　子ども時代を日本、東南アジア、アメリカなどさまざまな国で過ごした滝田さんは、幼いころからアフリカの動物が大好きでした。そしてアメリカの大学で動物学を学んだあと、ケニアの大学で獣医学を学びました。現在はケニアのマサイマラ国立保護区内で獣医師として勤務し、密猟対策のための追跡犬・象牙探知犬ユニットの結成や、犬を対象としたワクチン投与キャンペーン、野生動物の検死、肉食獣の個体識別と個体数調査など、さまざまな業務に携わっています。

　2012年には、山脇愛理さんとともにNPO法人「アフリカゾウの涙」を設立しました。この法人は、ケニアにおいてはゾウをはじめとする野生動物を守り、人間との共生をしていくこと、そして日本では象牙の消費をなくしていくことを目標に活動しています。

　滝田さんはなぜ、ケニアで獣医師として野生動物を守る活動をするようになったのでしょうか。また、アフリカゾウを守るために日本の私たちができることは何でしょうか。読みながら考えてみましょう。

Section 1

教科書 p.38

読解のポイント

1. アフリカで密猟者がゾウを違法に殺す理由は何ですか。
2. 滝田さんが軽飛行機を飛ばす目的は何ですか。

① I'm Takita Asuka, a veterinarian in Kenya. ② I have been working to protect African wildlife, especially elephants. ③ In Africa, over 20,000 elephants are killed by illegal hunters every year. ④ They want the elephants' ivory. ⑤ African elephants have been in danger of extinction for many years.

⑥ To take care of animals, my colleagues and I often drive on rough roads for more than 200 kilometers a day. ⑦ Sometimes I even fly a light plane to look for injured animals. ⑧ I also work with rangers to protect animals from illegal hunters.

⑨ I have been living in a tent in the savanna for more than ten years. ⑩ People often ask me, "Aren't you scared to live near wild animals?" ⑪ In fact, I sometimes hear lions roar near my tent at night, but I'm used to it.

ⒶⒷⒸ 単語・語句の研究

☐ **journey** [dʒə́ːrni]	图 旅
☐ **veterinarian** [vètərənériən]	图 獣医 参考 vet という短縮形もよく使われる。
☐ **African** [ǽfrikən]	形 アフリカの ▶アクセントに注意 参考 Africa（アフリカ）
☐ **wildlife** [wáildlàif]	图 野生生物
☐ 20,000	= twenty thousand
☐ **illegal** [ilíːgl]	形 違法の、非合法の 参考 legal（法律の、合法の）
☐ illegal hunter	密猟者 参考 hunter（狩りをする人） 例 Several illegal hunters were arrested in the national park. （国立公園で複数の密猟者が逮捕された）

☐ be in danger of ~	~の危機にある 例 The team is in danger of falling apart. （チームは崩壊の危機にある）
☐ **colleague(s)** [káli:g(z)]	名 同僚、仲間　▶つづりに注意
☐ **rough** [rʌ́f]	形 荒れた、乱暴な　▶発音に注意 参考 roughly（乱暴に、だいたい）
☐ **kilometer(s)** [kilá:mətər(z)]	名 キロメートル　▶アクセントに注意
☐ look for ~	~を探す 例 What are you looking for? （あなたは何を探しているのですか）
☐ **ranger(s)** [réindʒər(z)]	名 レンジャー、（国立公園の）監視員
☐ **savanna** [səvǽnə]	名 サバンナ　▶発音に注意
☐ be scared to ~	~するのが怖い 例 I'm scared to go out at night. （私は夜、外出するのが怖い）
☐ in fact	実際に 例 I love animals. In fact, I have two cats. （私は動物が大好きだ。実際、私は2匹の猫を飼っている）
☐ **roar** [rɔ́ːr]	動 （動物が）ほえる、うなる

 解説

① **I'm Takita Asuka, a veterinarian in Kenya.**

● Takita Asuka ＝ a veterinarian in Kenya の関係になっている。

② **I have been working to protect African wildlife, especially elephants.**

● 〈have[has] been ＋ ~ing〉で「（以前から現在も含めて）~し続けている」という現在完了進行形の表現になる。

確認　（　）内に適切な語を入れなさい。

ア．私たちは2時間歩き続けている。

　　We have （　　　） （　　　） for two hours.

イ．トムは今朝から本を読み続けている。

　　Tom （　　　） （　　　） （　　　） a book since this morning.

③ **In Africa, over 20,000 elephants are killed by illegal hunters every year.**
- 受け身の文。〈be動詞＋過去分詞＋by ...〉で「…によって〜される」という意味になる。
- illegal hunterは「密猟者」の意味。

④ **They want the elephants' ivory.**
- Theyは前文のillegal huntersをさす。
- ivoryはここでは「象牙」の意味で、数えられない名詞。

⑤ **African elephants have been in danger of extinction for many years.**
- 〈have[has]＋過去分詞〉で「(以前から現在まで)〜し続けている」という現在完了形の表現になる。
- ✎ **確認** （　　　）内に適切な語を入れなさい。
  - ア．私は30分間ずっとここにいる。
    - I (　　　) (　　　) here for thirty minutes.
  - イ．直人は4歳のときから茨城に住んでいる。
    - Naoto (　　　) (　　　) in Ibaraki since he was four.
- be in danger of 〜は「〜の危機にある」の意味。

⑥ **To take care of animals, my colleagues and I often drive on rough roads for more than 200 kilometers a day.**
- To take care of animalsは不定詞の副詞的用法。my colleagues以下の目的を示している。
- コンマ以降はSVの文。my colleagues and Iが主語で、driveが動詞である。
- more than 〜は「〜より多く」の意味。「〜」の部分の数字は含まれないので注意。more than 200 kilometersは「200キロメートルを超える」などの意味になる。
- a dayは「1日で、1日につき」。

⑦ **Sometimes I even fly a light plane to look for injured animals.**
- fly a (light) planeは「(軽)飛行機を操縦する、飛ばす」の意味。
- look for 〜は「〜を探す」の意味。

⑧ **I also work with rangers to protect animals from illegal hunters.**
- protect ～ from ... は「…から～を守る」の意味。

⑨ **I have been living in a tent in the savanna for more than ten years.**
- 〈have[has] been + ～ing〉で「（以前から現在も含めて）～し続けている」という現在完了進行形の表現になる。
- 確認 （　）内に適切な語を入れなさい。
  - ア．私たちは20分間バスを待ち続けている。
    We （　　　）（　　　）（　　　） for a bus for twenty minutes.
  - イ．奈央は２時からテニスを練習し続けている。
    Nao （　　　）（　　　）（　　　） tennis since two.

⑩ **People often ask me, "Aren't you scared to live near wild animals?"**
- Aren't you ～?は「あなたは～ではありませんか」とたずねる否定疑問文。
- 〈be scared + to +動詞の原形〉で「～するのが怖い」という意味になる。

⑪ **In fact, I sometimes hear lions roar near my tent at night, but I'm used to it.**
- in factは「実際に」の意味。
- 〈hear + O +動詞の原形〉で「Oが～するのを聞く、Oが～するのが聞こえる」という意味になる。
- be used to ～は「～に慣れている」の意味。「～」の部分には動詞の原形ではなく、名詞または動名詞がくる。
  例 I'm used to getting up early.
  　（私は早く起きるのに慣れている）

Section **2**

教科書p.40

読解のポイント

1. 滝田さんは大学で何を学びましたか。
2. ケニアで一部の人々が野生動物を守ろうとしていたのは何のためですか。

①When I was little, I really liked African animals. ②I always wanted to do something for them.

③In college, I studied zoology and had a chance to visit Kenya. ④There, some people tried to protect wild animals as important tourism resources. ⑤Others tried to eliminate them because they attacked farm animals or damaged crops. ⑥I learned that the coexistence between wildlife and humans was a complicated issue.

⑦After graduating from college, I wondered what I could do for wild animals. ⑧I had tried several jobs before I decided to become a veterinarian. ⑨Then, I went back to Kenya to study veterinary medicine. ⑩After five years, I finally became a veterinarian to directly save their lives.

A B C 単語・語句の研究

□ zoology [zouálədʒi]	图 動物学　▶発音に注意	
□ **tourism** [túərizm]	图 観光業 参考 tour（旅行（をする））	
□ **resource(s)** [ríːsɔːrs(iz)]	图 資源	
□ **eliminate** [ilímənèit]	動 消す、排除する	
□ farm animal	家畜 例 They raise farm animals such as cows and sheep. （彼らは牛や羊などの家畜を育てている）	
□ **damage(d)** [dǽmidʒ(d)]	動 損害を与える、傷つける　▶発音に注意 参考 damage（損害、ダメージ）	
□ **crop(s)** [krάp(s)]	图 作物	
□ coexistence [kòuigzístəns]	图 共存 参考 co-（共同を表す接頭辞）、existence（存在）	
□ **complicated** [kάmpləkèitid]	形 複雑な 参考 complicate（複雑にする）	

☐ graduate from ～	～を卒業する 例 I graduated from high school last year. （私は昨年高校を卒業した）
☐ veterinary [vétərənèri]	形 獣医（学）の　▶アクセントに注意 参考 veterinarian（獣医）
☐ veterinary medicine	獣医学 参考 medicine（医学）
☐ **directly** [dəréktli]	副 直接（に） 参考 direct（直接の）

 解説

① **When I was little, I really liked African animals.**
● この little は「幼い」の意味。

② **I always wanted to do something for them.**
● them は前文の African animals をさす。

③ **In college, I studied zoology and had a chance to visit Kenya.**
● have a chance to ～で「～する機会がある」の意味。

④ **There, some people tried to protect wild animals as important tourism resources.**
● there は In Kenya をさす。
● as はここでは「～として」の意味。

⑤ **Others tried to eliminate them because they attacked farm animals or damaged crops.**
● Others は前文の some people に呼応している。Some people ～. Others ....で「～する人もいれば、…する人もいる」の意味になる。
● them, they は前文の wild animals をさす。

⑥ **I learned that the coexistence between wildlife and humans was a complicated issue.**
● coexistence between ～ and ... で「～と…との共存」の意味になる。

⑦ **After graduating from college, I wondered what I could do for wild animals.**

- ● After graduating from college は After I graduated from college ということ。
- ● 〈wonder what + S + can do〉で「Sに何ができるのかあれこれ思いめぐらす」の意味になる。

⑧ **I had tried several jobs before I decided to become a veterinarian.**

- ● 〈had + 過去分詞〉で「(…までに)～していた」という意味になる。ここでは過去の一時点(獣医になると決心したとき)よりさらに前に、いくつかの仕事を試していたということ。
- ✐**確認** ( )内に適切な語を入れなさい。
  - ア．私が起きる前に、兄はすでに朝食を終えていた。
    My brother ( ) ( ) his breakfast before I got up.
  - イ．スミス先生は先月まで私たちの学校で英語を教えていた。
    Ms. Smith ( ) ( ) English at our school until last month.

⑨ **Then, I went back to Kenya to study veterinary medicine.**

- ● go back to ～は「～に戻る」の意味。
- ● veterinary medicine は「獣医学」の意味。

⑩ **After five years, I finally became a veterinarian to directly save their lives.**

- ● to (directly) save their lives は「彼らの命を(直接)救うために」という目的を表す不定詞の用法。副詞 directly が to と動詞の原形(save)の間に置かれている。
- ● their は⑦の wild animals をさす。

Section 3

教科書p.42

 読解のポイント

1.『アフリカゾウの涙』は何を目的にしていますか。
2. ゾウを救うための鍵は何ですか。

① In 2012, about 10% of all the African elephants were killed just for their ivory. ② In order to focus on protecting elephants, my friend and I founded a non-profit organization, Tears of the African Elephant.

③ The organization aims to promote the awareness of ivory use in Japan. ④ Japan had been importing a lot of ivory until the late 1980s. ⑤ Even today, some people buy ivory products casually. ⑥ They might be supporting illegal hunting without noticing it. ⑦ The key to saving elephants is to know the facts about ivory.

⑧ I love seeing the endless horizon, the blue sky, and white clouds in the savanna. ⑨ Above all, I love the energetic wild animals living there. ⑩ Therefore, I continue working hard to preserve African elephants and other wildlife in this beautiful place.

ⒶⒷⒸ 単語・語句の研究

☐ non-profit [nànpráfət]	形 非営利の
☐ non-profit organization	非営利組織（NPO） 例 My sister works for a non-profit organization. （姉は非営利組織で働いている）
☐ Tears of the African Elephant	『アフリカゾウの涙』
☐ **awareness** [əwéərnəs]	名 意識、認識 参考 aware（気づいている）
☐ **import(ing)** [impɔ́ːrt(iŋ)]	動 輸入する 参考 export（輸出する）
☐ 1980s	= nineteen eighties（1980年代）
☐ **casually** [kǽʒuəli]	副 気軽に、不用意に 参考 casual（気軽な、無頓着な）

☐ without ～ing	～しないで 例 Mai walked away without saying good-bye. （舞はさよならを言わずに歩き去った）	
☐ the key to ～ing	～するための鍵 例 The key to improving your speaking skills is to practice. （スピーキング技術を高めるための鍵は、練習することだ）	
☐ **endless** [éndləs]	形 果てしない、終わりのない 参考 end（終わり）、-less（〜のない）	
☐ **horizon** [həráizn]	名 地平線 参考 horizontal（水平な）	
☐ **above all**	とりわけ 例 Above all, sleep is important for your health. （健康のためには、とりわけ、睡眠が重要だ）	
☐ **energetic** [ènərdʒétik]	形 活発な、エネルギッシュな　▶アクセントに注意 参考 energy（エネルギー、活力）	
☐ **preserve** [prizə́ːrv]	動 保護する 参考 preservation（保護）	

 解説

① **In 2012, about 10% of all the African elephants were killed just for their ivory.**
- 受け身の文。about 10% of all the African elephants までが文の主語で、そのあとに〈be動詞＋過去分詞〉が続いている。
- just for ～は「～だけのために」。

② **In order to focus on protecting elephants, my friend and I founded a non-profit organization, Tears of the African Elephant.**
- in order to ～は「～するために」の意味。
- focus on ～は「～に集中する」の意味。
- founded は found「設立する、創設する」の過去形。
- a non-profit organization = Tears of the African Elephant の関係になっている。

③ **The organization aims to promote the awareness of ivory use in Japan.**

● aim to ～は「～することを目的とする」の意味。
● この use は「利用」の意味の名詞。ivory use で「象牙の利用」となる。

④ **Japan had been importing a lot of ivory until the late 1980s.**
● 〈had + been + ～ing〉は「(過去のある時点まで) ～し続けていた」の意味。
✎**確認** ( ) 内に適切な語を入れなさい。
ア．妹は正午ごろまで眠り続けていた。
　　My sister ( ) ( ) ( ) until around noon.
イ．私は鍵を見つけるまでに、30分探し続けていた。
　　I ( ) ( ) ( ) for the key for 30 minutes before I found it.

⑤ **Even today, some people buy ivory products casually.**
● even today は「今日でさえ」の意味。

⑥ **They might be supporting illegal hunting without noticing it.**
● They は前文の some people、つまり不用意に象牙を買う人をさしている。
● it は supporting illegal hunting をさす。

⑦ **The key to saving elephants is to know the facts about ivory.**
● to know ～は「～を知ること」。この文では The key ～ elephants が文の主語、to know ～ ivory が補語で、それを is がイコールの関係で結んでいる。

⑧ **I love seeing the endless horizon, the blue sky, and white clouds in the savanna.**
● the endless horizon、the blue sky、そして white clouds はすべて seeing の目的語。

⑨ **Above all, I love the energetic wild animals living there.**
● living there は分詞の形容詞的用法で、直前の wild animals を後ろから説明している。

⑩ **Therefore, I continue working hard to preserve African elephants and other wildlife in this beautiful place.**
● continue ～ing は「～し続ける」の意味。
● to preserve 以下は不定詞の副詞的用法。I continue working hard の目的を示している。

文型と文法の解説

1 現在完了形

◉ 「(以前から現在まで)〜し続けている」＝ [have＋過去分詞]

Elephants **have been** in danger of extinction for many years.
<u>「絶滅の危機にあり続けている」(継続)</u>

(ゾウたちは長年の間、絶滅の危機にあり続けている)

　現在完了形〈have＋過去分詞〉は、「過去のある時点の動作や状態」を「現在」と結び付けて表現する形である。現在完了には以下の3つの用法がある。

◆〈継続〉「(今まで)ずっと〜している」
　ある状態が過去のある時点から現在まで続いてきたことを表す。

◆〈経験〉「(今までに)〜したことがある」
　現在までにそのようなことがあったかどうかを表す。

◆〈完了・結果〉「(今までに)〜してしまった」
　あることを完了したことや、その結果今どうなっているのかを表す。

　例 He **has** just **arrived** in Tokyo.
　　(彼はちょうど東京に着いたところだ)

2 現在完了進行形

◉ 「(以前から現在も含めて)〜し続けている」＝ [have＋been＋〜ing]

I **have been working** to protect African wildlife.
<u>「働き続けている」</u>

(私はアフリカの野生動物を守るために働き続けている)

　現在完了進行形とは現在完了と進行形を組み合わせたもので、〈have＋been＋〜ing〉で表す。過去のある時点から始まって現在も動作が続いていることを表し、「(以前から現在も含めて)〜し続けている」という意味になる。このとき、〜ingの部分には動作を表す動詞が使われる。
　現在完了〈継続〉と意味がほとんど変わらない場合もあるが、現在完了進行形は現在も動作が続いていることを強調するときに用いられることが多い。

　例 I **have been studying** Japanese history for ten years.
　　(私は10年間日本の歴史を研究し続けている)

3 過去完了形

◉ 「(…までに) ～していた」 ＝ [had ＋過去分詞]

I **had tried** several jobs before I decided to become a veterinarian.
　　「試していた」(完了)

(私は獣医になろうと決心する前に、いくつかの仕事を試していた)

　過去完了形〈had ＋過去分詞〉は、「過去のある時点の動作や状態」を「その時以前」と結び付けて表現する形である。過去完了形には以下の３つの用法がある。

◆ 〈完了・結果〉「(過去のある時点までに) ～してしまった」
　過去のある時点で何かを完了していたことや、その結果どうなっていたのかを表す。

◆ 〈継続〉「(過去のある時点まで) ずっと～していた」
　ある状態が過去のある時点まで続いてきたことを表す。

　　例 She **had stayed** at the hotel until yesterday.
　　　(彼女は昨日までそのホテルに滞在していた)

◆ 〈経験〉「(過去のある時点までに) ～したことがあった」
　過去のある時点までにそのようなことがあったかどうかを表す。

　　例 He **had** never **eaten** *natto* until then.
　　　(彼はそのとき まで納豆を食べたことがなかった)

4 過去完了進行形

◉ 「(過去のある時点まで) ～し続けていた」 ＝ [had ＋ been ＋～ing]

Japan **had been importing** a lot of ivory until the late 1980s.
　　「輸入し続けていた」

(日本は1980年代後半までたくさんの象牙を輸入し続けていた)

　過去完了進行形とは過去完了と進行形を組み合わせたもので、〈had ＋ been ＋～ing〉で「(過去のある時点まで) ～し続けていた」という意味を表す。このとき、～ingの部分には動作を表す動詞が使われる。過去完了〈継続〉とほぼ意味が変わらない場合もあるが、過去完了進行形は過去のある時点まで動作が続いていたことを強調する際に用いられることが多い。

　　例 I **had been running** in the park for an hour before he came.
　　　(私は彼が来る前に、１時間ずっと公園を走っていた)

確認問題

1 下線部の発音が同じものには○、違うものには×を（　　）に書き入れなさい。

(1) resources — endless 　（　　　　）

(2) colleague — rough 　（　　　　）

(3) journey — tourism 　（　　　　）

(4) wildlife — horizon 　（　　　　）

(5) illegal — energetic 　（　　　　）

2 　　　　 から最も適切な語を選び、必要に応じて形を変えて（　　）に書き入れなさい。

(1) I'm (　　　　) for my notebook. Haven't you seen it?

(2) My sister will (　　　) from junior high school next March.

(3) Ann left home without (　　　　) breakfast.

(4) The boy was (　　　) to cross the street.

(5) The lion got up and (　　　　).

roar	look	eat	scare	graduate

3 日本語に合うように、（　　）内に適切な語を入れなさい。

(1) ルーシーは3歳の頃からずっと日本に住んでいる。

Lucy (　　　) (　　　) in Japan since she was three years old.

(2) 私の姉は帰宅してからずっと勉強している。

My sister (　　　) (　　　) (　　　) since she came home.

(3) 彼が電話をくれるまで、私は2時間ずっと眠っていた。

I (　　　) (　　　) (　　　) for two hours until he called me.

(4) 私はそのときより前にハワイに3回行ったことがあった。

I (　　　) (　　　) to Hawaii three times before then.

(5) 昨日までずっと寒かった。

It (　　　) (　　　) cold until yesterday.

4 日本語に合うように、( ) 内に適切な語を入れなさい。

(1) トラは絶滅の危機にある。

Tigers are ( ) ( ) of extinction.

(2) カナダは広い国だ。実際、それはアメリカ合衆国より広い。

Canada is a large country. ( ) ( ), it is larger than the US.

(3) いい絵を描くための鍵は、対象物をよく見ることだ。

The ( ) ( ) drawing a good picture is to look at the object carefully.

(4) 私は果物が好きだ。とりわけ、イチゴが大好きだ。

I like fruits. ( ) all, I love strawberries.

(5) 石油は重要な資源だ。 Oil is an important ( ).

5 次の英語を日本語に訳しなさい。

(1) Emi has been talking on the phone for two hours.

_____

(2) John had been studying Japanese for ten years before he came to Japan.

_____

(3) I had never seen him before the meeting.

_____

6 日本語に合うように、[ ] 内の語を並べかえなさい。

(1) あなたは今までにギターを弾いたことがありますか。

[played / have / ever / you] the guitar?

_____ the guitar?

(2) 3日間雪が降り続いている。

[for / it / been / three / has / days / snowing].

_____.

(3) 彼は暗くなるまで、ずっと練習していた。

He [it / been / had / got / dark / until / practicing].

He _____.

7 次の英文を読み、設問に答えなさい。

　　I'm Takita Asuka, a veterinarian in Kenya.　I have been ₍₁₎(work) to protect African wildlife, especially elephants.　In Africa, over 20,000 elephants are killed by illegal hunters every year.　They want the elephants' ivory.　₍₂₎African elephants have been in danger of extinction for many years.

　　To take care of animals, my colleagues and I often drive on rough roads for more than 200 kilometers a day.　Sometimes I even fly a light plane to look ₍₃₎(　　　) injured animals.　I also work with rangers to protect animals from illegal hunters.

　　₍₄₎[for / I / been / the savanna / a tent / living / have / in / in] more than ten years.　People often ask me, "Aren't you scared to live near wild animals?"　₍₅₎(　　　) (　　　), I sometimes hear lions roar near my tent at night, but I'm used to ₍₆₎it.

(1)　①の単語を適切な形に直しなさい。　　　　　　　　　(　　　　　　)

(2)　下線部②を日本語に訳しなさい。

　　_____

(3)　空所③に入る最も適切な語を選び、記号で答えなさい。

　　ア．by　　イ．in　　ウ．for　　エ．with　　　　　　(　　)

(4)　下線部④が「私は10年超の間、サバンナのテントで暮らしている」という意味になるように、[　　]内の語句を並べかえなさい。

　　_____ more than ten years.

(5)　下線部⑤が「実際に」という意味になるように、(　　)にそれぞれ適する語を入れなさい。

　　_____ _____

(6)　⑥のitがさす内容を、日本語で簡潔に書きなさい。

　　_____

Sesame Street

　あなたは「セサミストリート」を見たことがありますか。
「セサミストリート」は、アメリカ合衆国で1969年に放
送を開始した教育番組です。日本でも1972年からテレビ放
送が開始され、中断しながらも2007年まで放送されていま
した。現在はテレビのほかYouTubeでも動画が配信され
ており、世界の約160か国で放送されています。日本では、
YouTubeのセサミストリート日本公式チャンネル (https://
www.youtube.com/c/SesameStreetJapan/) で日本語
版を、英語公式チャンネル (https://www.youtube.com/
sesame) で英語版を見ることができます。

　「セサミストリート」には、さまざまな色や形、特徴をもっ
たキャラクターが出てきます。それぞれのキャラクターが、
時には失敗したりけんかをしたりしながら、お互いの気持
ちや社会問題・公平性について考え、多様性を認め合い、
お互いを尊重する方法を学んでいきます。この番組がどの
ような成り立ちで始まり、また世界各地でどのようなキャ
ラクターが出てきてどのような役割を果たしているのか、
考えながら読んでみましょう。

Section 1

教科書p.52

読解のポイント

1. セサミストリートは誰を対象とした、どのようなことを教える番組ですか。
2. リリーとはどの国の、どのようなキャラクターですか。

Sesame Street is a popular educational program. ₍₁₎ It teaches children literacy and other lessons. ₍₂₎ It is now offered online as well as on TV.

₍₃₎ The program is famous for its colorful characters. Cookie Monster loves to eat everything, especially cookies. Big Bird is very kind and tall. ₍₄₎ Ernie always asks his friend, Bert, silly questions. ₍₅₎ Children see each character play a unique role in the program.

₍₆₎ Sesame Street is shown in about 160 countries, and some characters are different from country to country. ₍₇₎ For example, in South Africa, you can see Moshe, a meerkat. ₍₈₎ He likes dancing and growing vegetables. ₍₉₎ Another example is Lily in China. ₍₁₀₎ She is a tiger that likes martial arts. ₍₁₁₎ Children around the world enjoy their own versions of Sesame Street.

ABC 単語・語句の研究

□ Sesame Street [sésəmi stri:t]	名 セサミストリート((アメリカの教育番組名))
□ literacy [lítərəsi]	名 読み書きの能力
□ online [ànláin]	副 インターネット上で、オンラインで
□ Cookie Monster [kúki mànstər]	名 クッキーモンスター((キャラクター名))
□ Big Bird [bíg bə́:rd]	名 ビッグバード((キャラクター名))
□ Ernie [ə́:rni]	名 アーニー((キャラクター名))
□ Bert [bə́:rt]	名 バート((キャラクター名))
□ from country to country	国によって 例 The meaning of gestures varies from country to country. (ジェスチャーの意味は国によってさまざまだ)
□ South Africa [sáuθ éfrikə]	名 南アフリカ

☐ Moshe [múʃe]	名	ムシェ ((キャラクター名))
☐ meerkat [míərkæt]	名	ミーアキャット
☐ Lily [líli:]	名	リリー ((キャラクター名))
☐ martial [má:rʃl]	形	戦いの、戦争の
☐ martial arts		武術 例 Judo is a form of martial arts. （柔道は武術の一形態だ）
☐ version(s) [və́:rʒn(z)]	名	バージョン、版

 解説

① **It teaches children literacy and other lessons.**
- It は前文の Sesame Street をさす。
- 〈teach + 人 + もの〉で「(人) に (もの) を教える」という意味になる。

② **It is now offered online as well as on TV.**
- It は冒頭の Sesame Street をさす。
- is (now) offered は受け身で「(現在) 提供されている」の意味。
- A as well as B は「B だけでなく A も」の意味。

③ **The program is famous for its colorful characters.**
- The program は Sesame Street のこと。
- be famous for ～は「～で有名だ」の意味。
  例 Hawaii is famous for its beautiful beaches.
  （ハワイは美しい海岸で有名だ）

④ **Ernie always asks his friend, Bert, silly questions.**
- 〈ask + 人 + a question〉で「(人) に質問する」という意味になる。
- his friend = Bert の関係になっている。

⑤ **Children see each character play a unique role in the program.**
- 〈see + O + 動詞の原形〉で「O が～するのを見る」という意味になる。この see は知覚動詞と呼ばれる。知覚動詞には see のほか、hear「聞く、聞こえる」、feel「感じる」、watch「見る」、notice「気づく」などがある。

◢ **確認** （　　）内に適切な語を入れなさい。

ア．私はあなたがバスに乗るのを見ました。

I saw you (　　　　) on the bus.

イ．あなたは誰かがドアをノックするのを聞きましたか。

Did you hear someone (　　　) on the door?

⑥ **Sesame Street is shown in about 160 countries, and some characters are different from country to country.**

● is shown は受け身で「放送されている」という意味になる。

⑦ **For example, in South Africa, you can see Moshe, a meerkat.**

● Moshe = a meerkat の関係になっている。「ミーアキャットのムシェ」という意味。

⑧ **He likes dancing and growing vegetables.**

● He は前文の Moshe をさす。

● dancing と growing vegetables の両方が like の目的語になっている。

⑨ **Another example is Lily in China.**

● ⑦で挙げた南アフリカの Moshe に加えて、Another「もう1つの、別の」example「例」ということ。

⑩ **She is a tiger that likes martial arts.**

● She は前文の Lily をさす。

● that は主格の関係代名詞で、that likes martial arts が直前の名詞 a tiger を説明している。

⑪ **Children around the world enjoy their own versions of Sesame Street.**

● Children around the world が文の主語。

● *one's* own version(s) of ～で「（人）独自のバージョンの～」という意味になる。

Section 2

教科書p.54

 読解のポイント

1. 2013年に導入された新キャラクターは誰ですか。
2. カーリとはどのようなキャラクターですか。

① Sesame Street creates new characters from time to time. ② Many of them reflect what is happening in the world.

③ In 2013, viewers saw a new character introduced in the US. The character's name is Alex. ④ His father is in jail. ⑤ Alex does not like to talk about him. ⑥ Alex's friends understand his feelings and tell him that he is not alone. ⑦ They make him feel supported.

In 2019, Karli was introduced. ⑧ She lives with her foster parents because her birth mother cannot care for her. ⑨ Karli is having a hard time, but her loving foster parents take care of her.

⑩ Both Alex and Karli represent children facing challenges. ⑪ Through these characters, the viewers learn about current social problems. ⑫ They also realize that all children have the right to feel safe and loved.

ⒶⒷⒸ 単語・語句の研究

☐ from time to time	ときどき 例 I go to the movies from time to time. （私はときどき映画に行く）
☐ **viewer(s)** [vjúːər(z)]	图 視聴者　　参考 view（（テレビなどを）見る）
☐ **Alex** [ǽliks]	图 アレックス（（キャラクター名））
☐ **jail** [dʒéil]	图 刑務所、留置所
☐ in jail	刑務所に 例 Mandela was in jail for 27 years. （マンデラは27年間刑務所にいた）
☐ Karli [káːrli]	图 カーリ（（キャラクター名））
☐ foster [fástər]	形 里親の、里子の
☐ foster parent	里親（（様々な理由により家庭で暮らせない子どもを、自分の家庭で養育する人））
☐ **birth** [báːrθ]	图 生まれ、出生

☐ birth mother	生みの母親
☐ care for ～	～の世話をする
	例 I usually care for the dog.
	（私がふだんその犬の世話をする）
☐ loving [lʌ́viŋ]	形 愛情あふれる
☐ **challenge(s)** [tʃǽlindʒ(iz)]	名 困難、挑戦
☐ **current** [kə́:rənt]	形 現在の、最新の　▶発音に注意

解説

① Sesame Street creates new characters from time to time.

- この文は、from time to time の代わりに sometimes を使って、Sesame Street sometimes creates new characters. としてもほぼ同じ意味になる。

② Many of them reflect what is happening in the world.

- them は前文の new characters をさす。
- 〈reflect + what 節〉で「何が～しているかを反映する、示す」の意味になる。

③ In 2013, viewers saw a new character introduced in the US.

- viewer は「（テレビなどの）視聴者」の意味。
- 〈see + O + 過去分詞〉で「O が～されるのを見る」という意味になる。この see は知覚動詞。過去分詞によって、「～される」という受け身の意味を表している。
- 確認　（　　　）内に適切な語を入れなさい。
  - ア．私は門が開けられるのを見た。
    I saw the gate (　　　　).
  - イ．私は自分の腕が触られるのを感じた。
    I felt my arm (　　　　).

④ His father is in jail.

- His は前文の Alex をさす。

⑤ Alex does not like to talk about him.

- him は前文の His father、つまりアレックスの父親をさす。

⑥ **Alex's friends understand his feelings and tell him that he is not alone.**

- この文の主語はAlex's friends。そのあとに、understand his feelingsと tell him that he is not aloneという2つの動詞句が並んでいる。
- his, him, heはすべてAlexをさす。
- 〈tell＋人＋that＋S＋V〉で「（人）にSがVだと伝える」という意味になる。

⑦ **They make him feel supported.**

- Theyは前文のAlex's friends、himはAlexをさす。
- 〈make＋人＋動詞の原形〉で「（人）に～させる」という意味になる。feel supportedは「支えられると感じる」の意味。

⑧ **She lives with her foster parents because her birth mother cannot care for her.**

- She、herは前文のKarliをさす。

⑨ **Karli is having a hard time, but her loving foster parents take care of her.**

- have a hard timeは「つらい思いをする、苦労する」の意味。
- lovingは「愛情あふれる」という意味の形容詞。

⑩ **Both Alex and Karli represent children facing challenges.**

- both A and Bで「AもBも（両方とも）」という意味になる。
- facing challengesは現在分詞の形容詞的用法で、直前のchildrenを説明している。children facing challengesで「困難に直面している子どもたち」という意味。

⑪ **Through these characters, the viewers learn about current social problems.**

- these charactersは、前文のAlexとKarliをさす。
- learn about ～は「～について知る」の意味。

⑫ **They also realize that all children have the right to feel safe and loved.**

- Theyは前文のthe viewersをさす。
- have the right to ～は「～する権利がある」の意味。

Section 3

教科書 p.56

読解のポイント

1. シバンとはどの国の、どのようなキャラクターですか。
2. インド版のセサミストリートでは、女の子のキャラクターたちが何をしますか。

① Sesame Street also has episodes about people with disabilities. ② For example, a character named Sivan appears in the Israeli version. ③ Sivan is a girl who uses a wheelchair. ④ She sometimes has her wheelchair pushed by her friends. At other times, she offers a hand to others as much as she can.

⑤ Sesame Street challenges traditional gender roles as well. ⑥ The Indian version has some episodes where male characters cook voluntarily. ⑦ In other episodes, female characters play soccer skillfully or do math well.

⑧ Through episodes like these, children understand how to get along with people with various disabilities. ⑨ They also have a chance to reconsider gender stereotypes in society.

A B C 単語・語句の研究

☐ Sivan [sívən]	图 シバン((キャラクター名))
☐ Israeli [izréili]	形 イスラエルの 参考 Israel（イスラエル）
☐ at other times	ほかのときは 例 I cook breakfast at other times. （ほかのときは私が朝食を料理する）
☐ offer a hand	手伝いを申し出る 例 Thank you for offering a hand. （手伝いを申し出てくれてありがとう）
☐ as ～ as *one* can	できるかぎり～ 例 I'll come as early as I can. （できるだけ早く行きます）
☐ gender [dʒéndər]	图 ジェンダー、（社会的な役割としての）性別
☐ male [méil]	形 男の、雄の
☐ voluntarily [vàləntérəli]	副 自分から、自分の意思で ▶アクセントに注意 参考 voluntary（自発的な）、volunteer（進んで申し出る、ボランティア）

□ **female** [fíːmeil]	圏 女の、雌の ▶発音に注意
□ skillfully [skílfli]	剾 上手に 参考 skill（技術）、skillful（上手な）
□ do math well	数学が得意である 例 My sister does math well. （私の姉は数学が得意だ）
□ get along (with ～)	（～と）うまくやる 例 The exchange student is getting along with his classmates. （その留学生はクラスメートとうまくやっている）
□ reconsider [riːkənsídər]	動 再考する 参考 re-（「再び」を意味する接頭辞）、consider（考える）
□ **stereotype(s)** [stériətàip(s)]	图 固定観念、ステレオタイプ

 解説

① **Sesame Street also has episodes about people with disabilities.**
- with には「～を持つ、～のある」の意味がある。people with disabilities で「障害のある人々」という意味。

② **For example, a character named Sivan appears in the Israeli version.**
- named Sivan は過去分詞の形容詞的用法で、直前のa character を説明している。a character named Sivan で「シバンと名づけられたキャラクター」という意味。

③ **Sivan is a girl who uses a wheelchair.**
- who uses a wheelchair は主格の関係代名詞節。直前の名詞a girl を説明している。a girl who uses a wheelchair で「車いすを使う女の子」という意味。

④ **She sometimes has her wheelchair pushed by her friends.**
- 〈have + O + 過去分詞〉で「O を～された状態にする」の意味を表す。have *one's* wheelchair pushed は「車いすを押された状態にする」、つまり「車いすを押してもらう」ということ。

🖉**確認** ( )内に適切な語を入れなさい。

ア．私は自転車を修理してもらった。

I ( ) my bike ( ).

イ．あなたはどこで髪を切ってもらったのですか。

Where did you ( ) your hair ( )?

⑤ **Sesame Street challenges traditional gender roles as well.**

- genderとは、生物学的な性別ではなく社会的な役割としての性別を表すことば。日本語でも「ジェンダー」と言うことが多い。

- as wellは「その上、～も」の意味。

⑥ **The Indian version has some episodes where male characters cook voluntarily.**

- where以下はsome episodesを説明している。some episodes where male characters cook voluntarilyで「男性のキャラクターが自分から料理するエピソード」という意味。

⑦ **In other episodes, female characters play soccer skillfully or do math well.**

- female charactersが文の主語で、2つの動詞句play soccer skillfullyとdo math wellが並列の状態で続いている。

⑧ **Through episodes like these, children understand how to get along with people with various disabilities.**

- episodes like theseは⑥や⑦のようなエピソードのこと。

- how to ～は「～の仕方」の意味。

⑨ **They also have a chance to reconsider gender stereotypes in society.**

- Theyは前文のchildrenをさす。

- to reconsider以下がa chanceを後ろから説明している。a chance to reconsider gender stereotypes in societyで「社会にあるジェンダーの固定概念を再考する機会」という意味。

Section 4

教科書 p.58

 読解のポイント

1. セサミストリートが放映を開始したとき、アメリカでは何が起きていましたか。
2. セサミストリートが世界に送り続ける大切なメッセージとは何ですか。

① Why does Sesame Street focus on social issues? ② The answer is related to US history. Sesame Street started in the US in 1969. ③ At that time, the civil rights movement was taking place. ④ People were fighting to gain equal rights for all races.

⑤ On Sesame Street, humans and monsters of various shapes, sizes, colors, and personalities live together. ⑥ Their diversity shows a world where different people live in harmony. ⑦ Through these characters, children learn how to get along in society. ⑧ The characters also help children develop their inclusive views on people around the world.

⑨ Creating a society like Sesame Street is still a work in progress. ⑩ The program continues to send important messages to the world: diversity, equity, and inclusion.

Ａ Ｂ Ｃ 単語・語句の研究

☐ the civil rights movement	公民権運動 ((アメリカの黒人が人種差別撤廃や権利の保障を求めた運動))
☐ take place	起こる 例 The accident took place at that corner. (その事故はあの角で起こった)
☐ **gain** [géin]	動 獲得する
☐ inclusive [inklú:siv]	形 インクルーシブな、多様性を認めた
☐ in progress	進行中で 例 The team meeting is in progress. (チームの打ち合わせは進行中だ)
☐ equity [ékwəti]	名 公正
☐ inclusion [inklú:ʒn]	名 インクルージョン ((多様性を認め合うこと))

解説

① **Why does Sesame Street focus on social issues?**
- focus on ～は「～に焦点を当てる」の意味。
- social issues は「社会問題」の意味。

② **The answer is related to US history.**
- The answer とは①の質問に対する答えのこと。
- be related to ～は「～に関係している」の意味。

③ **At that time, the civil rights movement was taking place.**
- at that time は「当時、そのとき」の意味。
- 「～していた」という過去進行形〈be 動詞の過去形＋～ing 形〉の文。

④ **People were fighting to gain equal rights for all races.**
- to gain 以降が People were fighting の目的を表している。

⑤ **On Sesame Street, humans and monsters of various shapes, sizes, colors, and personalities live together.**
- On Sesame Street は「セサミストリートでは」という修飾語句。humans ～ personalities が文の主語。

⑥ **Their diversity shows a world where different people live in harmony.**
- where は関係副詞。where 以下が a world を説明している。a world where different people live in harmony で「異なる人々が調和して暮らしている世界」という意味。
- live in harmony は「調和して（仲良く）暮らす」の意味。

⑦ **Through these characters, children learn how to get along in society.**
- these characters は、⑤の monsters of various shapes, sizes, colors, and personalities をさす。
- how to ～は「～する（ための）方法」の意味。

⑧ **The characters also help children develop their inclusive views on people around the world.**

- 〈help + O +動詞の原形〉で「Oが〜するのを助ける [〜するのに役立つ]」という意味になる。
- 🖉**確認** （　　）内に適切な語を入れなさい。

    ア．このテーブルを動かすのを手伝ってもらえますか。

    　　Can you (　　　　) me (　　　　) this table?

    イ．私は彼が昼食を料理するのを手伝った。

    　　I (　　　　) him (　　　　) lunch.

⑨ **Creating a society like Sesame Street is still a work in progress.**

- Creating a society like Sesame Street「セサミストリートのような社会を作ること」が文の主語。
- ここのworkは「仕事」という意味の名詞。

⑩ **The program continues to send important messages to the world: diversity, equity, and inclusion.**

- continue to 〜は「〜し続ける」の意味。
- send 〜 to ...で「〜を…に送る」。
- :（コロン）はここでは具体的に説明するのに使われている。important messagesの具体的内容がdiversity「多様性」、equity「公正」、inclusion「インクルージョン」である。

文型と文法の解説

1 SVOC (V＝知覚動詞、C＝動詞の原形)

◉「…が〜するのを見る」＝[S＋see＋O＋動詞の原形]

Children **see** each character **play** a unique role in the program.
(S)　　(V)　　　　(O)　　　　(C)

(子どもたちはそれぞれのキャラクターが番組の中で独自の役割を果たすのを
見る)

〈S（主語）＋V（知覚動詞see）＋O（目的語）＋C（補語＝動詞の原形）〉の文。
「…が〜するのを見る」という意味になる。知覚動詞にはsee「見る」のほかに、
hear「聞く、聞こえる」、feel「感じる」、watch「見る」、notice「気づく」など
がある。

例 I **saw** the boy **go** into the bookstore.
（私はその少年が書店に入るのを見た）

Did you **notice** John **go** out of the room?
（ジョンが部屋を出たのに気づきましたか）

2 SVOC (V＝知覚動詞、C＝過去分詞)

◉「…が〜されるのを見る」＝[S＋see＋O＋過去分詞]

Viewers **saw** a new character **introduced** in the US.
(S)　　(V)　　　(O)　　　　　(C)

(アメリカ合衆国で、視聴者は新しいキャラクターが導入されるのを見た)

〈S（主語）＋V（知覚動詞see）＋O（目的語）＋C（補語＝過去分詞）〉の文。「…
が〜されるのを見る」という意味になる。C（補語）に過去分詞がくると、「〜さ
れる」という受け身の意味をもつ。ほかの知覚動詞も同様の形の文を作る。

例 I **heard** English **spoken** at the meeting.
（私はその会議で英語が話されるのを聞いた）

The boy **felt** his hair **touched** by someone.
（少年は誰かに髪を触られるのを感じた）

3 SVOC (V＝使役動詞 have / make、C＝過去分詞)

◉ 「…を～された状態にする」＝［S＋have＋O＋過去分詞］

She sometimes **has** her wheelchair **pushed** by her friends.
(S)　　　　　　　　(V)　　(O)　　　　　　　(C)　「車いすを押された状態にする」
→「車いすを押してもらう」
(彼女はときどき友だちに車いすを押してもらう)

〈S（主語）＋V（使役動詞 have）＋O（目的語）＋C（補語＝過去分詞）〉の文。「…を～された状態にする」という意味になる。使役動詞とは「～させる」という意味をもつ動詞のことで、have や make などがこれにあたる。

例 Takashi **had** his phone **repaired**.
（貴志は電話を修理してもらった）

The novel **made** Haruki **known** to foreign people.
（その小説によって春樹は海外の人々に知られるようになった）

4 help＋O＋動詞の原形

◉ 「…が～するのを助ける」＝［S＋help＋O＋動詞の原形］

The characters also **help** children **develop** their inclusive views.
(S)　　　　　　　(V)　　(O)
(キャラクターたちはまた、子どもたちが多様性を受け入れた見方を発達させるのを助ける)

〈help＋O＋動詞の原形〉で「…が～するのを助ける［～するのに役立つ］」という意味になる。目的語のあとの動詞は、原形ではなく to 不定詞になることもある。また、目的語がなく help の後に動詞の原形が続くこともある。

例 Aki **helped** her friend **look** for her key.
Aki **helped** her friend **to look** for her key.
（亜紀は友だちが鍵を探すのを手伝った）

Mr. Sato's lesson will **help improve** your piano playing.
（佐藤先生のレッスンはあなたのピアノの演奏を上達させるのに役立つだろう）

確認問題

1 下線部の発音が同じものには○、違うものには×を（　　）に書き入れなさい。

(1) version — birth 　　（　　　　）

(2) literacy — online 　　（　　　　）

(3) challenge — male 　　（　　　　）

(4) current — inclusive 　　（　　　　）

(5) female — gender 　　（　　　　）

2 ☐☐☐から最も適切な語を選び、（　　）に書き入れなさい。

(1) Table manners are different (　　　) country to country.

(2) My brother is studying abroad.　He is getting (　　　) there.

(3) A new plan is (　　　) progress.

(4) Which do you prefer, shopping in store or shopping (　　　)?

(5) The boy plays tennis (　　　).

in	from	along	skillfully	online

3 日本語に合うように、（　　）内に適切な語を入れなさい。

(1) 彼らは窓が割られたのに気づかなかった。

They didn't (　　　) the window (　　　).

(2) リンダは誰かが彼女の肩に触れるのを感じた。

Linda (　　　) someone (　　　) her shoulder.

(3) 母は月に1度髪を切ってもらう。

My mother (　　　) her hair (　　　) once a month.

(4) 生徒たちは彼女がいすを運ぶのを手伝った。

The students (　　　) her (　　　) chairs.

(5) 英語で自分を理解してもらうのは私には難しい。

It is difficult for me to (　　　) myself (　　　) in English.

4 日本語に合うように、(   ) 内に適切な語を入れなさい。

(1) 私が留守の間、私の猫の世話をしてくれませんか。

Can you (   ) (   ) my cat while I am out?

(2) その男性は2か月間刑務所にいた。

The man was (   ) (   ) for two months.

(3) 私たちはときどき外食する。

We eat out (   ) time (   ) time.

(4) できるだけ早く行きます。

I'll come as (   ) (   ) I (   ).

(5) 彼の生みの母親はアメリカ出身だ。

His (   ) mother is from the United States.

5 次の英語を日本語に訳しなさい。

(1) I've never seen his father get angry.

_____

(2) Mariko had her house cleaned up.

_____

(3) Her advice helped solve my problem.

_____

6 日本語に合うように、[   ] 内の語句を並べかえなさい。

(1) パットは人ごみで誰かが「こんにちは」と言うのを聞いた。

[hello / someone / Pat / say / heard] in the crowd.

_____ in the crowd.

(2) 人々は彼らが学校を建てるのを手伝った。

[them / build / people / helped / the school].

_____.

(3) 私たちは家具を新しい家まで運んでもらった。

[our new house / had / carried / our furniture / we / to].

_____.

7 次の英文を読み、設問に答えなさい。

Sesame Street creates new characters from time to time. Many of ①them reflect what is happening in the world.

In 2013, ②[a / saw / character / introduced / viewers / new] in the US. The character's name is Alex. ③His father is in jail. Alex does not like to talk about him. Alex's friends understand his feelings and tell him that he is not alone. ④They (　　　) him (　　　) supported.

In 2019, Karli was introduced. She lives with her foster parents because her birth mother cannot ⑤(　　　) (　　　) her. Karli is having a hard time, but her loving foster parents take care of her.

Both Alex and Karli represent children facing challenges. Through these characters, the viewers learn about current social problems. They also realize that all children have the right to feel safe and loved.

(1) ①のthemがさすものを、本文中から抜き出して書きなさい。

———————————————

(2) 下線部②が「アメリカ合衆国で、視聴者は新しいキャラクターが導入されるのを見た」という意味になるように、[　　]内の語を並べかえなさい。

————————————————————— in the US

(3) 下線部③を、Hisがさすものを明らかにして日本語に訳しなさい。

———————————————————————————

(4) 下線部④が「彼らは彼が支えられていると感じるようにする」という意味になるように、(　　)にそれぞれ適する語を入れなさい。

They ———————— him ———————— supported.

(5) 下線部⑤が「彼女の世話をする」という意味になるように、(　　)にそれぞれ適する語を入れなさい。

———————— ———————— her

(6) 本文の内容に合うように、次の質問に英語で答えなさい。

Through Alex and Karli, what do viewers learn about?

From Landmines to Herbs

　カンボジアは、フランスによる植民地支配、ポルポト政権による独裁や大虐殺、内戦、その際に埋められた地雷など、厳しい歴史とその影響が今も残る国です。しかし一方で、数多くの薬草や鉱物に恵まれた国でもあり、千年以上の歴史を持つ伝統医療が今も伝えられています。

　そんなカンボジアで起業し、活躍しているのが篠田ちひろさんです。篠田さんは大学時代にさまざまな発展途上国を訪れ、アフガニスタンにおける学校建設などの支援ボランティア活動を行いました。その後いったんは就職しようと考えていましたが、自分が本当にしたいことは何かを考えた結果、カンボジアでの起業を決意します。寄付に頼ることなく安定した企業経営を行うために、イギリスのフェアトレード関連会社でインターンを経験し、ブランディングを学んでから、カンボジアのシエムレアプに移り住みました。

　シエムレアプで篠田さんは、疲労回復や美肌に効能があるとされる伝統療法である、ハーブを調合したサウナに出会ったことをきっかけに、カンボジア産のハーブを使った入浴剤や石けんの開発・販売を行う会社を設立しました。また、カンボジアの伝統医療をコンセプトにしたスパも運営しています。現地の人々を雇用し、社内では無料の食事提供やクメール語教室など、社員の福利厚生にも力を入れています。

　篠田さんの起業とカンボジアの人々との協力関係を読み、お互いに助け合うことのできる関係について考えてみましょう。

Section 1

教科書p.70

 **読解のポイント**

1. 篠田ちひろさんはどのような店を経営していますか。
2. 2008年、篠田さんは何をしましたか。

① Shinoda Chihiro makes soaps, hand creams, and other products from herbs in Cambodia. ② She runs a shop which sells those products. ③ Her business creates jobs for Cambodians. ④ How did she start such a business?

⑤ While she was in college, Shinoda majored in marketing. ⑥ In 2004, she took part in a volunteer activity in Cambodia. ⑦ She was fascinated by the people who were smiling all the time. ⑧ She wondered what she could do for them.

In 2008, Shinoda moved to Cambodia. ⑨ She wanted to start a business and collaborate with people there. Several months later, she came across a traditional herb sauna. Herbs are very popular in Cambodia. ⑩ She thought that she could use them to make new products.

A B C 単語・語句の研究

□ Cambodia [kæmbóudiə]	名 カンボジア
□ Cambodian(s) [kæmbóudiən(z)]	名 カンボジア人、カンボジア語 参考 Cambodian（カンボジアの、カンボジア人［語］の）
□ major in ~	~を専攻する 例 I'm going to major in Japanese history at college. （私は大学で日本史を専攻するつもりだ）
□ marketing [máːrkətiŋ]	名 マーケティング、市場戦略 参考 market（市場）
□ fascinate(d) [fǽsənèit(id)]	動 魅了する、ひきつける　▶つづりに注意
□ all the time	いつも 例 The man wears a hat all the time. （その男性はいつも帽子をかぶっている）
□ collaborate [kəlǽbərèit]	動 協力する 参考 collaboration（協力）

□ collaborate with ～	～と協力する 例 The two universities collaborate with each other. （その2大学は互いに協力している）
□ come across ～	（偶然）～に出会う 例 I came across him in the restaurant. （私はレストランで偶然彼に出会った）
□ sauna [sɔ́:nə]	名 サウナ　▶発音に注意

解説

① **Shinoda Chihiro makes soaps, hand creams, and other products from herbs in Cambodia.**
- make ～ from ... で「…から～を作る」。ここでは、「～」の部分に soaps、hand creams、other products の3つが並んでいる。

② **She runs a shop which sells those products.**
- この run(s) は「経営する」という意味の動詞。
- which は〈名詞＋which＋動詞〉の形で名詞（もの）に説明を加える主格の関係代名詞。which の代わりに that を使うこともできる。a shop which sells those products で「それらの製品を売る店」という意味。
- 確認 （　）内に適切な語を入れなさい。ただし、that は使わないこと。
  私は青い目をした猫を飼っています。
  I have a cat (　　) (　　) blue eyes.

③ **Her business creates jobs for Cambodians.**
- Her business は①、②で説明されている内容をさす。

④ **How did she start such a business?**
- How は手段や方法をたずねる疑問詞。
- such a business「そのような事業」は、①、②で説明されている内容をさす。

⑤ **While she was in college, Shinoda majored in marketing.**
- 〈while + S + V〉で「SがVしている間」という意味になる。whileは接続詞で、あとに文の形 (S + V) が続くことに注意。

⑥ **In 2004, she took part in a volunteer activity in Cambodia.**
- take part in ～は「～に参加する」の意味。

⑦ **She was fascinated by the people who were smiling all the time.**
- be fascinated by ～で「～に魅了される」の意味になる。
- whoは〈名詞 + who +動詞〉の形で名詞 (人) に説明を加える主格の関係代名詞。whoの代わりにthatを使うこともできる。the people who were smiling all the timeで「いつも笑っている人々」という意味。時制の一致でareでなくwereになっている。
- 🖉**確認** (　　)内に適切な語を入れなさい。ただし、thatは使わないこと。
  私にはシンガポールに住む友だちがいます。
  I have a friend (　　　) (　　　) in Singapore.

⑧ **She wondered what she could do for them.**
- 〈wonder + what + S + can + V〉で「Sが何をVできるだろうかとあれこれ考える」の意味。ここでは過去の文なのでcanがcouldになっている。

⑨ **She wanted to start a business and collaborate with people there.**
- 〈want to + 動詞の原形〉で「～したい」。ここでは、start a businessとcollaborate with peopleという2つの動詞の原形が並列している。

⑩ **She thought that she could use them to make new products.**
- 〈think that + S + V〉で「SがVすると思う」の意味。ここでは過去の文。
- themは前文のHerbsをさす。

Section 2
教科書p.72

 読解のポイント

1. 新しい事業を始めるにあたり、最初に篠田さんが必要だったものは何ですか。
2. 地雷はどのようなときに爆発しますか。

₁ To start her new business, Shinoda had to obtain many things. ₂ First of all, she needed land on which she would grow herbs.

₃ In Cambodia, much of the land used to be full of landmines because of war. ₄ A landmine is a bomb buried under the ground. ₅ It explodes when people step on it. ₆ Some people are killed, and others are seriously injured. ₇ Cambodia and many countries are working together to eliminate the landmines. ₈ Even after getting rid of the landmines, how to use the land is another issue. ₉ Ironically, the land has rich soil because no one has used it for a long time.

₁₀ Learning this fact, Shinoda wanted to grow herbs on the land with local farmers. ₁₁ Then, she made a plan to change former landmine fields into herb farms.

ABC 単語・語句の研究

- ☐ **obtain** [əbtéin] 　動 手に入れる、（努力して）得る
- ☐ **buried** [bérid] 　動 埋める　▶発音に注意
  <bury 　参考 burial（埋めること、埋葬）
- ☐ **explode(s)** 　動 爆発する
  [iksplóud(z)] 　参考 explosion（爆発）、explosive（爆発物、爆発しやすい）
- ☐ step on ~ 　～を踏む
  　例 Be careful not to step on the broken glass.
  （割れたガラスを踏まないように気をつけて）
- ☐ **seriously** [síəriəsli] 　副 ひどく、深刻に
  　参考 serious（深刻な）、seriousness（深刻）
- ☐ **rid** [ríd] 　動 取り除く（過去形・過去分詞形も rid）
- ☐ get rid of ~ 　～を取り除く
  　例 Let's get rid of the weeds.
  （雑草を取り除こう）

☐	ironically [airánikli]	圖 皮肉なことに　▶発音に注意
		参考 irony（皮肉（な事態））、ironic（皮肉の、皮肉好きな）
☐	**soil** [sɔ́il]	名 土、土壌
☐	change 〜 into ...	〜を…に変える
		例 Bacteria change milk into cheese.
		（バクテリアがミルクをチーズに変える）

 解説

① **To start her new business, Shinoda had to obtain many things.**
- To start her new business は目的を表す不定詞句。
- obtain は「手に入れる」の意味。

② **First of all, she needed land on which she would grow herbs.**
- この which は前置詞 on の目的語の働きをする関係代名詞で、直前の名詞 land を説明している。land on which she would grow herbs で「彼女がハーブを育てる土地」という意味。この文は、修飾語句の First of all をのぞいて she needed land と she would grow herbs の 2 つの文をまとめたものと考えるとよい。
- このように〈前置詞＋関係代名詞〉で名詞を説明する場合、説明される名詞に応じて異なる前置詞を使う。
- 確認 （　　）に入る適切な語句を選びなさい。
- ア．This is the river (in which / when) I used to swim.
- イ．Do you remember the day (at / on) which he was born?

③ **In Cambodia, much of the land used to be full of landmines because of war.**
- 〈used to ＋動詞の原形〉で「〜したものだ」の意味。ここでは used to be 〜 で「〜だったものだ」となる。
- be full of 〜 は「〜でいっぱいだ」の意味。
- 〈because of ＋名詞〉で「〜のせいで、〜が理由で」という意味になる。

④ **A landmine is a bomb buried under the ground.**
- buried は過去分詞の形容詞的用法。buried under the ground が a bomb を説明している。a bomb buried under the ground で「地面の下に埋められた爆弾」という意味。

⑤ **It explodes when people step on it.**
- 文頭のItと文末のitは両方とも前文のA landmineをさす。

⑥ **Some people are killed, and others are seriously injured.**
- 〈Some + 名詞 ～, and others ....〉は、「いくらかの（名詞）は～、そのほかは…」つまり「～な（名詞）もいれば、…な（名詞）もいる」という意味。

⑦ **Cambodia and many countries are working together to eliminate the landmines.**
- Cambodia and many countriesが文の主語。
- to eliminate the landminesは、「地雷を除去するために」という目的を表す不定詞句。

⑧ **Even after getting rid of the landmines, how to use the land is another issue.**
- even after ～は「～のあとでさえ」の意味。
- get rid of ～「～を取り除く」はeliminateとほぼ同じ意味で使われている。
- how to use the landが文全体の主語となっている。

⑨ **Ironically, the land has rich soil because no one has used it for a long time.**
- itは文前半のthe landをさす。

⑩ **Learning this fact, Shinoda wanted to grow herbs on the land with local farmers.**
- Learning this fact, は分詞構文。Shinoda ～からの部分の理由を表す。
- on the landとwith local farmersはそれぞれgrow herbsを修飾している。

⑪ **Then, she made a plan to change former landmine fields into herb farms.**
- to change former landmine fields into herb farmsがa planを後ろから説明している。a plan to change former landmine fields into herb farmsで「以前の地雷原をハーブ農園に変える計画」という意味。

Section 3

教科書p.74

読解のポイント

1. 篠田さんはクルクメールから何を教えてもらいたいと思いましたか。
2. 篠田さんは、クルクメールに理解してもらうために何を説明しましたか。

₁ What Shinoda needed next was knowledge about the effects of herbs. ₂ Looking for information about herbs, she met a Kru Khmer.

₃ A Kru Khmer is a traditional therapist who uses herbs to cure diseases in Cambodia. ₄ Shinoda wanted to learn about herbs from the therapist, but he refused to teach her. ₅ He suspected that she would take his job. ₆ However, Shinoda, who was strongly determined, did not give up. ₇ She kept explaining that she wanted to create jobs for Cambodians. ₈ Finally, he understood her plan and taught her about the healing effects of herbs.

₉ With this knowledge, she started her business. ₁₀ For her products, she used herbs grown in the former landmine fields. ₁₁ She was able to put her plan into practice.

ⒶⒷⒸ 単語・語句の研究

☐ **Kru Khmer** [kru kəméər]	图 クルクメール ((カンボジアの伝統医療士))
☐ **therapist** [θérəpəst]	图 医療士、セラピスト ▶アクセントに注意 **参考** therapy ((精神) 療法、治療)
☐ **cure** [kjúər]	動 治す、治療する **参考** cure (治療 (薬))
☐ **suspect(ed)** [səspékt(id)]	動 疑う **参考** suspect (容疑者 [sʌ́spect])
☐ **determined** [ditə́ːrmind]	形 (固く) 決意した **参考** determine (決心する)、determinedly (断固として、きっぱりと)
☐ **keep 〜ing**	〜し続ける 例 The man kept walking. (その男性は歩き続けた)
☐ **healing** [híːliŋ]	形 治療の、癒す **参考** heal (治す、治る)、healing (治療 (法)、癒し)

□ put ~ into practice　　　～を実行に移す
　　　　　　　　　　　　　 例 Let's put your idea into practice.
　　　　　　　　　　　　　（あなたのアイディアを実行に移そう）

 解説

① **What Shinoda needed next was knowledge about the effects of herbs.**
- Whatは先行詞を必要としない関係代名詞。〈what + S + V〉で「SがVするもの [こと]」という意味を表す。この文ではWhat Shinoda needed next「篠田さんが次に必要としたもの」が文の主語になっている。

② **Looking for information about herbs, she met a Kru Khmer.**
- Looking for information about herbsは分詞構文で、「～しているときに」という意味を表す。When she was looking for ～と書きかえることができる。

③ **A Kru Khmer is a traditional therapist who uses herbs to cure diseases in Cambodia.**
- whoは主格の関係代名詞。who uses ～ in Cambodiaがa traditional therapistを説明している。a traditional therapist who uses herbs to cure diseases in Cambodiaで「カンボジアで病気を治療するためにハーブを使う、伝統的なセラピスト (伝統医療士)」という意味。

④ **Shinoda wanted to learn about herbs from the therapist, but he refused to teach her.**
- 文後半のheはthe therapist、つまり前文のA Kru Khmerをさす。
- 文後半のherはShinodaをさす。

⑤ **He suspected that she would take his job.**
- 〈suspect that + S + will + V〉で「Sが (将来) Vするのではないかと疑う」の意味。ここでは過去の文なので、willも時制の一致で過去形wouldになっている。

⑥ **However, Shinoda, who was strongly determined, did not give up.**
- このwhoは主格の関係代名詞。この文のように、whoの前にコンマ (,) を

置いて〈名詞, who ～〉とすることで、「そして、その人は～」のように補足的な形で説明を加えることができる。この用法を関係代名詞の非制限用法という。この用法はwhich も使えるが、that は使うことができない。

🖋**確認**　次の英語を日本語に訳しなさい。

I have an uncle, who works in Nagoya.

---

⑦ **She kept explaining that she wanted to create jobs for Cambodians.**

- 接続詞that 以下が、She(= Shinoda)が説明し続けた内容。

⑧ **Finally, he understood her plan and taught her about the healing effects of herbs.**

- he が文の主語。understood her plan と taught her about the healing effects of herbs という 2 つの動詞句が並列している。

⑨ **With this knowledge, she started her business.**

- このWith は「～を使って、～で」という意味。

⑩ **For her products, she used herbs grown in the former landmine fields.**

- grown ～ fieldsは過去分詞の形容詞的用法で、直前の名詞herbs を説明している。herbs grown in the former landmine fieldsで「もとは地雷原だったところで育てられたハーブ」という意味。

⑪ **She was able to put her plan into practice.**

- be able to ～は「～することができる」の意味。

Section 4

教科書p.76

 読解のポイント

1. 篠田さんが事業を始めたころ、石けんにはどのような問題点がありましたか。
2. 篠田さんの夢は何ですか。

In the early days of Shinoda's business, not everything went well. ① For example, the soaps were not produced as she expected. ② They came out in random sizes and colors. ③ The Cambodian workers did not mind these kinds of irregularities. ④ Shinoda explained many times that customers would not accept the soaps as products. ⑤ Finally, the workers were convinced of what she said.

⑥ Today, cooperating with Shinoda, the Cambodian workers learn about business. Shinoda also learns from them. ⑦ She says, "I want to have an equal relationship with Cambodians. ⑧ We are not in a position to help or be helped. ⑨ My dream is to change places called 'landmine villages' into 'herb villages' with local people." ⑩ Shinoda's herbs bring more smiles to Cambodia, where her journey continues.

🄰🄱🄲 単語・語句の研究

☐ in the early days of ～	～の初期には 例 In the early days of the Internet, there was no smartphone. （インターネットの初期には、スマートフォンはなかった）
☐ not everything ～	すべてが～というわけではない 例 Not everything is bad. （すべてがだめだというわけではない）
☐ go well	（物事が）順調に行く 例 The plan is going well. （計画は順調に行っている）
☐ come out	出来上がる 例 The new product will come out soon. （新製品はまもなく出来上がる予定だ）
☐ **random** [rǽndəm]	形 ふぞろいの、でたらめな 参考 randomly（でたらめに）

☐ irregularities [irègjələǽrətiz] ＜irregularity	图 不揃い（なもの）、不規則な行為 参考 irregular（不揃いの、不規則な）、 irregularly（不揃いに、不規則に）
☐ **convinced** [kənvínst]	形 （〜だと）確信している
☐ be convinced of 〜	〜に納得する 例 I'm convinced of the explanation. （私はその説明に納得している）
☐ **cooperating** [kouápəréitiŋ] ＜**cooperate**	動 協力する　▶アクセントに注意 参考 cooperation（協力）、cooperative（協力的 な）、cooperatively（協力して）
☐ **relationship** [riléiʃnʃip]	图 関係 参考 relate（関係させる）、related（関係のある）

 解説

① **For example, the soaps were not produced as she expected.**
  ● as 〜はここでは「〜ように（は）」の意味。

② **They came out in random sizes and colors.**
  ● They は前文の the soaps をさす。
  ● random は sizes と colors の両方を修飾している。

③ **The Cambodian workers did not mind these kinds of irregularities.**
  ● mind は「気にする、嫌だと思う」の意味。
  ● these kinds of 〜は「これらのような（種類の）〜」の意味。

④ **Shinoda explained many times that customers would not accept the soaps as products.**
  ● 〈explain that + S + V〉で「SがVすると説明する」という意味になる。
  ● 文後半のwould は、未来を表すwillが時制の一致で過去形になったもの。

⑤ **Finally, the workers were convinced of what she said.**
  ● what は先行詞のない関係代名詞。〈what + S + V〉で「SがVすること［もの］」の意味になる。what she said で「彼女が言ったこと」という意味。

⑥ **Today, cooperating with Shinoda, the Cambodian workers learn about business.**
- cooperating with Shinoda, は分詞構文で、「〜しながら」という付帯状況を表す。

⑦ **She says, "I want to have an equal relationship with Cambodians.**
- 〈have a[an] + 形容詞 + relationship with ...〉で「…と〜な関係になる」という意味。

⑧ **We are not in a position to help or be helped.**
- We とは、Shinoda と the Cambodian workers のこと。

⑨ **My dream is to change places called 'landmine villages' into 'herb villages' with local people.**
- My dream が文の主語、to change 以降が「〜すること」という意味で文の補語。My dream = to change 〜の関係になっている。
- called 'landmine villages' は過去分詞の形容詞的用法で、直前の名詞 places を説明している。places called 'landmine villages' で「『地雷の村』と呼ばれた場所」という意味。

⑩ **Shinoda's herbs bring more smiles to Cambodia, where her journey continues.**
- , where 〜は関係副詞節。場所を表す名詞（ここでは Cambodia）に補足的に説明を加えるとき、このように〈, where + S + V〉の形を使う。
- 確認 （　）内に適切な語を入れなさい。
  私はときどき大阪を訪ねるが、そこには祖父母が住んでいる。
  I sometimes visit Osaka, (　　) my grandparents live.

文型と文法の解説

1 関係代名詞（主格）

◉名詞に説明を加えるとき＝［名詞（もの）＋ which ＋ V' / 名詞（人）＋ who ＋ V'］

She runs a shop **which** sells those products.
　　　　　　　　　　　 (S')　(V')　「それらの製品を売る」

（彼女はそれらの製品を売る店を経営している）

She was fascinated by the people **who** were smiling all the time.
　　　　　　　　　　　　　　　　 (S')　　(V')「いつも笑っていた」

（彼女はいつも笑っている人々に魅了された）

　名詞のあとに関係代名詞（which、who、that など）を使うことで、その名詞に説明を加えることができる。主格の関係代名詞は〈名詞＋関係代名詞（which, who, that）＋ V'〉の語順で、主語の働きと同時に節をつなぐ接続詞の働きもしている。名詞が「もの」の場合には関係代名詞に which を、「人」の場合には who を使う。that は名詞が「もの」でも「人」でも使うことができる。

例 Can you see that house **which** has a red roof?
　（赤い屋根のついたあの家が見えますか）
　I saw a woman **who** was reading a book.
　（私は本を読んでいる女性を見た）

2 前置詞＋関係代名詞

◉名詞（もの）に説明を加えるとき＝［名詞＋ on which ＋ S' ＋ V'］

She needed land **on which** she would grow herbs.
　　　　　　　　　　　　 (S')　　(V')　　「彼女がハーブを育てる」

（彼女はハーブを育てる土地を必要としていた）

　目的格の関係代名詞は動詞の目的語だけでなく、前置詞の目的語の働きをして先行詞に説明を加えることもできる。その場合、〈名詞＋前置詞＋関係代名詞（which）＋ S' ＋ V'〉の語順となる。関係代名詞は前置詞の目的語の働きと、同時に節をつなぐ接続詞の働きをする。

　この形では、関係代名詞 that や who は使わない。また、先行詞が時や場所を表す場合は in[on/at] which などを使い、これらは関係副詞 where や when で言いかえることができる。

例 This is the hospital **in which** I was born.
　= This is the hospital **where** I was born.
（これは私が生まれた病院です）

3 関係代名詞の非制限用法

◉名詞（人［もの］）に補足的に説明を加えるとき＝［名詞, who[which] 〜］

Shinoda, **who** was strongly determined, did not give up.
　　　　　　　　　　「(その人は)固く決心していて」

（篠田さんは、固く決心していて、あきらめなかった）

　関係代名詞の前にコンマ (,) がある場合は、「そして、その人は〜」などのように、先行詞に対して補足的に説明を加える表現となる。この用法を関係代名詞の非制限用法といい、説明したい名詞が人のときはwhoを使う。なおこの用法では、whoやwhichのかわりにthatを使うことはできない。また、非制限用法のwhichは、語句だけでなく文を先行詞として説明を補足することができる。

例 I have two sons, **who** are doctors.（two sonsを説明）
　（私には息子が2人いて、その息子たちは（2人とも）医者だ）
　Tom came to the party, **which** made us happy.（文全体を説明）
　（トムがパーティーに来た、そしてそのことは私たちを喜ばせた）

4 関係副詞の非制限用法

◉場所［時］を表す名詞に補足的に説明を加えるとき＝［名詞, where[when]＋S'＋V'］

Shinoda's herbs bring smiles to Cambodia, **where** her journey continues.
　　　　　　　　　　　　　　　　　　　「そしてそこで、彼女の旅は続く」

（篠田さんのハーブはカンボジアに笑顔をもたらし、そしてそこで、彼女の旅は続く）

　関係副詞には、場所を表すwhere、時を表すwhen、理由を表すwhy、方法を表すhowがあり、関係代名詞と同じく、名詞（もの）に説明を加えるときに使われる。ただし、〈名詞, 関係副詞 〜〉の順で関係副詞の前にコンマ (,) がある場合は「そして、そこでは〜」のように先行詞に対して補足的に説明を加える表現となる。この用法を関係副詞の非制限用法といい、関係副詞whereとwhenにこの用法がある。

例 Kate called me this morning, **when** I was taking a shower.
　（ケイトは今朝私に電話をくれたが、そのとき私はシャワーを浴びていた）

確認問題

1 下線部の発音が同じものには○、違うものには×を（　　　）に書き入れなさい。

(1) r<u>a</u>ndom — relationship　　（　　　）

(2) susp<u>e</u>ct — b<u>u</u>ry　　（　　　）

(3) expl<u>o</u>de — Cambodia　　（　　　）

(4) <u>s</u>eriously — <u>th</u>erapist　　（　　　）

(5) f<u>a</u>scinated — coll<u>a</u>borate　　（　　　）

2 　　　　から最も適切な語を選び、（　　　）に書き入れなさい。

(1) I want to get (　　　) of some of my old clothes before buying new ones.

(2) What are you going to (　　　) in at college?

(3) Let's (　　　) trying.

(4) It is good to (　　　) with others.

(5) Don't (　　　) on the flowers.

step	major	collaborate	keep	rid

3 日本語に合うように、（　　　）内に適切な語を入れなさい。

(1) 私たちはフランス語を上手に話す人を探している。

We're looking for a person (　　　) speaks French well.

(2) 私は、ヘンリーが私に薦めてくれた本を買うことに決めた。

I decided to buy the book (　　　) Henry recommended to me.

(3) 彼女はスーパーマーケットに行き、そこでリンゴを買った。

She went to the supermarket, (　　　) she bought some apples.

(4) ここは私たちが子どもの頃野球をしていた公園だ。

This is the park (　　　) (　　　) we played baseball when we were children.

(5) 私は何も言わなかったが、そのことが彼女を怒らせた。

I said nothing, (　　　) made her angry.

4 日本語に合うように、(　　) 内に適切な語を入れなさい。

(1) 私たちはいつも一緒だ。

We are together (　　) the (　　).

(2) 私は動画配信サービスで偶然この曲に出会った。

I (　　) (　　) this song on a video streaming service.

(3) 建築家はその建物を美術館に変えた。

The architect (　　) the building (　　) a museum.

(4) 私は自分の夢を実行に移すと決めた。

I decided to put my dream (　　) (　　).

(5) すべてが難しいというわけではない。

(　　) (　　) is difficult.

5 次の英語を日本語に訳しなさい。

(1) I have three dogs, which have black spots.

_____

(2) I went to the library, where I found a lot of English books.

_____

(3) It was sunny today, which made me feel better.

_____

6 日本語に合うように、[　　] 内の語句を並べかえなさい。

(1) 会議に参加した全員にこのメッセージを送ってください。

Please send this message [who / everyone / attended / the meeting / to].

Please send this message _____.

(2) あれが彼が子どもの頃に住んでいた家です。

[lived / where / that's / he / the house] in his childhood.

_____ in his childhood.

(3) 私は彼に帽子をあげたが、それは先週買ったものだ。

[a cap / , / bought / I / him / which / gave / I] last week.

_____ last week.

From Landmines to Herbs

7 次の英文を読み、設問に答えなさい。

Shinoda Chihiro makes soaps, hand creams, and other products from herbs in Cambodia. She runs a shop ①(　　　　) sells those products. Her business creates jobs for Cambodians. How did she start such a business?

While she was in college, Shinoda majored in marketing. In 2004, she took part in a volunteer activity in Cambodia. ②[who / by / were / she / fascinated / the people / was / smiling] all the time. She wondered what she could do for them.

In 2008, Shinoda moved to Cambodia. ③She wanted to start a business and collaborate with people there. Several months later, she ④(　　　　) (　　　　) a traditional herb sauna. Herbs are very popular in Cambodia. She thought that she could use ⑤them to make new products.

(1) ①にあてはまる1語を書きなさい。ただしthatは使わないこと。

　　_____

(2) 下線部②が「彼女はいつも笑っている人々に魅了された」という意味になるように、[　　]内の語句を並べかえなさい。

　　_____ all the time.

(3) 下線部③を日本語に訳しなさい。

　　_____

(4) 下線部④が「(偶然)出会った」という意味になるように、(　　)にそれぞれ適する語を入れなさい。

　　_____　_____

(5) 下線部⑤のthemがさすものを、本文中から抜き出して書きなさい。

　　_____

(6) 本文の内容に合うように、次の質問に英語で答えなさい。
　　What did Shinoda do in 2008?

　　_____

88

The Little Prince

　The Little Prince（邦題『星の王子さま』）は1943年に
アメリカのニューヨークで出版され、150を超える言語に
翻訳されて、現在も世界各地で親しまれています。

　作者のアントワーヌ・ド・サン＝テグジュペリは1900年、
フランスのリヨンで生まれました。12歳で初めて飛行機に
乗って飛行機の魅力に引きつけられ、航空隊に入隊し、操
縦士となります。除隊してしばらく別の仕事を経験したあ
と、サン＝テグジュペリは民間航空会社で定期郵便飛行の
パイロットとなりました。当時はまだ航空路の開発が始まっ
た時代で、自身も何度も危険な目にあっています。

　『星の王子さま』の主人公「ぼく」はパイロットで、不時
着したサハラ砂漠で王子さまに出会います。『星の王子さま』
は完全なフィクションであり、「ぼく」はサン＝テグジュペ
リのことではありませんが、サン＝テグジュペリ自身サハ
ラ砂漠に墜落した経験があり、それがこの場面に生かされ
ているのは間違いないといえます。

　サン＝テグジュペリは第二次世界大戦がはじまると再び
入隊し、航空偵察任務などを行いました。その後、妻とと
もにアメリカに一時亡命し、その間に『星の王子さま』な
ど複数の作品を発表しました。『星の王子さま』を発表した
あと軍に復帰し、1944年7月に偵察のためコルシカ島の基
地を発進したのち、撃墜されて生涯を終えました。

　『星の王子さま』の王子さまと主人公「ぼく」との関係、
また王子さまと大切なバラや友だちのキツネとの関係、友
だちとは何か、大切なものを守る責任とは何かについて考
えながら読んでみましょう。

Section 1

教科書 p.82〜p.83 *l.*8

 **読解のポイント**

1. 主人公の「ぼく」は砂漠に不時着したとき、どのくらい水を持っていましたか。
2. 王子さまの住んでいた星にはもともと何がありましたか。

① One day I made a crash landing in the Sahara Desert. I was all alone. ② I knew that I had to fix my plane by myself without any help. ③ For me, it was a matter of life or death: I had only enough drinking water for eight days.

The first night, I met a boy. He was a little prince from a far-off planet. ④ The prince had golden hair, a lovable laugh, and kept asking the same questions until they were answered. He was very persistent.

The prince told me his story.

The little prince lived alone on an exceedingly small planet. There were three volcanoes and some baobab shoots there. One day, a mysterious rose sprouted on the planet. ⑤ It could communicate, and the prince talked with it every day. ⑥ He fell in love with the rose and took good care of it. ⑦ However, when he caught the rose in a lie, the little prince quarreled with it. ⑧ He decided to set out on a journey to explore other planets.

🅰🅱🅲 単語・語句の研究

☐ **landing** [lǽndiŋ]	名 着陸 参考 land（着陸する）
☐ **Sahara Desert** [səhǽrə dézərt]	名 サハラ砂漠（（アフリカ大陸北部の砂漠））
☐ **a matter of life or death**	死活問題 例 Access to electricity is a matter of life or death. （電気へのアクセスは死活問題だ）
☐ **far-off** [fɑ̀ːrɔ́ːf]	形 遠く離れた（= faraway）
☐ **golden** [góuldən]	形 金色の、金の 参考 gold（金、金色）
☐ **lovable** [lʌ́vəbl]	形 愛すべき、かわいらしい 参考 love（愛、愛する）、-able（〜できる）

☐ persistent [pərsistənt]	形	持続する、しつこい
	参考	persistently（しつこく）、persistence（持続性、しつこさ）
☐ exceedingly [iksí:diŋli]	副	非常に
	参考	exceeding（過度の）、exceed（超える）
☐ baobab [béiəbæb]	名	バオバブ（（アフリカやインドに生育する巨大な木））
☐ **mysterious** [mistíəriəs]	形	不思議な、謎の ▶発音に注意
	参考	mystery（謎、不可解なこと）、mysteriously（不思議なことに）
☐ sprout(ed) [spráut(id)]	動	芽を出す
	参考	sprout（芽、スプラウト）
☐ fall in love with ～		～と恋に落ちる
	例	I fell in love with the girl. （ぼくはその女の子と恋に落ちた）
☐ catch ～ in a lie		～のうそを見破る
	例	I couldn't catch her in a lie. （ぼくは彼女のうそを見破ることができなかった）
☐ quarrel(ed) [kwá:rəl(d)]	動	けんかをする、口論する ▶つづりに注意
	参考	quarrel（けんか、口論）
☐ set out on a journey		旅に出る
	例	The boy set out on a journey alone. （少年はひとりで旅に出た）
☐ **explore** [ikspló:r]	動	探検する、調査する
	参考	explorer（探検家）、exploration（探検（旅行）、調査）

解説

① **One day I made a crash landing in the Sahara Desert.**
- make a crash landing で「不時着する」の意味。

② **I knew that I had to fix my plane by myself without any help.**
- by *oneself* は「ひとりで、独力で」の意味。

③ **For me, it was a matter of life or death: I had only enough drinking water for eight days.**

- a matter of life or death は「死活問題」の意味。:（コロン）は、ここでは「つまり」という意味で使われている。

④ **The prince had golden hair, a lovable laugh, and kept asking the same questions until they were answered.**

- 文の主語はThe prince、1番目の動詞はhadで、golden hair と a lovable laugh という2つの目的語をもつ。2番目の動詞はkept。keptはkeepの過去形で、keep ～ing で「～し続ける」の意味になる。

⑤ **It could communicate, and the prince talked with it every day.**

- 2つのitはどちらも前文のa mysterious rose をさす。

⑥ **He fell in love with the rose and took good care of it.**

- fellは動詞fall「落ちる」の過去形。
- 🖉**確認**　（　　）内に適切な語を入れなさい。

  彼らは互いに恋に落ちた。

  They (　　　　) in (　　　) with each other.

⑦ **However, when he caught the rose in a lie, the little prince quarreled with it.**

- itは the rose をさす。

⑧ **He decided to set out on a journey to explore other planets.**

- to explore other planets がa journey を後ろから説明している。a journey to explore other planets で「ほかの惑星を探検するための旅」という意味。

Section 2

教科書 p.83 *l.*9〜p.84 *l.*8

📖 読解のポイント

1. 王子さまはいくつの星をめぐったでしょうか。
2. 地球で、王子さまは何と出会いましたか。

① On the first planet lived a king who always gave commands. ② On the second planet lived a man who was very vain. ③ On the third planet lived a man who drank alcohol to forget his drinking habit. ④ On the fourth planet lived a cunning businessman who counted planets to own them all. ⑤ On the fifth planet lived a man who was busy lighting and extinguishing a lamp, because his planet rotated every minute. ⑥ On the sixth planet lived a geographer who drew detailed maps, but he never traveled farther than his front porch.

⑦ The last planet he visited was the earth. The prince landed in a desert and could not find any humans. ⑧ Instead, he encountered a yellow snake that claimed to have the power to return him to his home, if he ever wished to return.

Then, the prince saw some tall mountains and many roses. ⑨ He was sad to realize that the volcanoes and the rose on his planet were not so special.

🅰🅱🅲 単語・語句の研究

☐ **command(s)** [kəmǽnd(z)]	名 命令、指揮 参考 command（命令する）
☐ give a command	命令を出す 例 The teacher gave a command. （先生は命令を出した）
☐ **vain** [véin]	形 うぬぼれの強い
☐ **alcohol** [ǽlkəhɔ̀ːl]	名 酒、アルコール　▶発音に注意
☐ **habit** [hǽbit]	名 （個人の）習慣、くせ
☐ **cunning** [kʌ́niŋ]	形 ずるい、悪賢い　▶つづりに注意
☐ **businessman** [bíznəsmæ̀n]	名 （男性）実業家
☐ **extinguish(ing)** [ikstíŋgwiʃ(iŋ)]	動 （火などを）消す 参考 extinguisher（消火器）

☐ **rotate(d)** [róuteit(id)]	動 (惑星などが) 自転する、回転する 参考 rotation (回転、自転)	
☐ **geographer** [dʒiágrəfər]	名 地理学者 参考 geography (地理学)	
☐ **detailed** [díːteild]	形 詳細な　▶アクセントに注意 参考 detail (詳細、詳しく述べる)	
☐ **farther** [fáːrðər]	副 もっと遠くに ((far の比較級))	
☐ **encounter(ed)** [inkáuntər(d)]	動 (思いがけず) 出会う、遭遇する	
☐ **claim(ed)** [kléim(d)]	動 主張する	

 解説

① **On the first planet lived a king who always gave commands.**

- ①から⑥までは、すべて倒置の文になっている。「～番目の惑星には」という場所を表す副詞句が最初に来て、次に動詞、最後に主語 (ここでは a king who always gave commands) の形。
- who は主格の関係代名詞で、who 以降が a king を説明している。a king who always gave commands で「いつも命令を出している王様」という意味。

② **On the second planet lived a man who was very vain.**

- 倒置の文。主語は a man who was very vain、動詞が lived で文頭の On the second planet は場所を表す副詞句。
- who は主格の関係代名詞で、who 以降が a man を説明している。a man who was very vain で「とてもうぬぼれの強い男」という意味。

③ **On the third planet lived a man who drank alcohol to forget his drinking habit.**

- 倒置の文。主語は a man who ～ habit、動詞が lived で文頭の On the third planet は場所を表す副詞句。
- who は主格の関係代名詞で、who 以降が a man を説明している。a man who drank alcohol to forget his drinking habit で「飲酒癖を忘れるために酒を飲む男」という意味。

④ **On the fourth planet lived a cunning businessman who counted planets to own them all.**

- 倒置の文。主語は a cunning businessman who ～ all、動詞が lived で文頭

の On the fourth planet は場所を表す副詞句。

- who は主格の関係代名詞で、who 以降が a cunning businessman を説明している。a cunning businessman who counted planets to own them all で「すべての惑星を手に入れるために惑星の数を数える悪賢い実業家」という意味。

⑤ **On the fifth planet lived a man who was busy lighting and extinguishing a lamp, because his planet rotated every minute.**
- 倒置の文。主語は a man who 〜 lamp、動詞が lived で文頭の On the fifth planet は場所を表す副詞句。
- who は主格の関係代名詞で、who 〜 lamp が a man を説明している。a man who was busy lighting and extinguishing a lamp で「街灯を点けたり消したりするのに忙しい男」という意味。

⑥ **On the sixth planet lived a geographer who drew detailed maps, but he never traveled farther than his front porch.**
- 倒置の文。コンマ (,) の前までの主語は a geographer who 〜 maps、動詞が lived で、文頭の On the sixth planet は場所を表す副詞句。
- who は主格の関係代名詞で、who 〜 maps が a geographer を説明している。a geographer who drew detailed maps で「詳細な地図を描く地理学者」という意味。

⑦ **The last planet he visited was the earth.**
- The last planet he visited「彼が訪れた最後の惑星」が文の主語。
- he visited が planet を後ろから直接説明している。
- 確認 次の英文を日本語に訳しなさい。
  The girl we met in the library is my sister's classmate.

⑧ **Instead, he encountered a yellow snake that claimed to have the power to return him to his home, if he ever wished to return.**
- that は主格の関係代名詞。that 以降が a yellow snake を説明している。
- if he ever 〜 は「もし〜ならば」という仮定法の言い方。

⑨ **He was sad to realize that the volcanoes and the rose on his planet were not so special.**
- be sad to 〜 は「〜して悲しい」という意味。to 〜 は感情の原因を表す不定詞。
- 〈realize that + S + V〉は「S が V であることに気づく」の意味。

Section 3

教科書p.84 *l*.9〜p.84 *l*.19

 **読解のポイント**

1. 最初に王子さまがキツネに会ったとき、キツネはなんと言いましたか。
2. 王子さまとキツネは、最終的にどのような関係になりましたか。

Then a fox appeared. ① The prince wanted to play with him, but the fox said, "I'm not tamed."

② The little prince asked, "What does 'tame' mean?"

③ The fox answered, "I suppose it means to make some kind of relationship."

"Relationship?"

"Yes. I will explain. ④ To me, you are just a little boy like any other, like a hundred thousand other little boys. ⑤ I have no need of you, and you have no need of me. ⑥ But if you tame me, you and I will create a relationship. ⑦ Then you will be special for me, and I will be special for you. ⑧ So we will need one another."

The little prince listened intently. ⑨ He spent time with the fox, and they finally became friends with each other.

ABC 単語・語句の研究

□ tame(d) [téim(d)]	動 (動物などを) なつかせる、飼いならす
□ have no need of 〜	〜を必要としていない 例 I have no need of your help. (私はあなたの手伝いを必要としていない)
□ one another	お互い 例 Team members respect one another. (チームのメンバーたちはお互いを尊重している)
□ intently [inténtli]	副 熱心に 参考 intent (意図)
□ become friends with 〜	〜と友だちになる 例 I became friends with Tom when I was 15 years old. (私は15歳のときにトムと友だちになった)

解説

① **The prince wanted to play with him, but the fox said, "I'm not tamed."**
- himは前文のa foxをさす。
- tameは「（動物などを）なつかせる」という意味の動詞で、受け身の形〈be 動詞 + tamed〉で「なつく、なついている」という意味になる。

② **The little prince asked, "What does 'tame' mean?"**
- What does 〜 mean?は「〜はどんな意味ですか」という質問の表現。 tameは動詞だが、ここでは「tameという単語」ということで名詞的に使 われている。

③ **The fox answered, "I suppose it means to make some kind of relationship."**
- itは前文の 'tame' をさす。
- to以降は「〜すること」という意味で、meansの目的語になっている。
- make a relationshipは「関係を築く」の意味。

④ **To me, you are just a little boy like any other, like a hundred thousand other little boys.**
- meはthe fox、youはthe princeをさす。
- likeはいずれも「〜のような」という意味の前置詞。

⑤ **I have no need of you, and you have no need of me.**
- I have no need of you「私はあなたを必要としていない」はI don't need you. とほぼ同じ意味。

⑥ **But if you tame me, you and I will create a relationship.**
- ifの文だが、動詞が現在形であることから、これは仮定法ではなく現実的 な条件を表す文。you（= the prince）がme（= the fox）をなつかせるとい うことが、現実として可能性のある条件だということを示している。

⑦ **Then you will be special for me, and I will be special for you.**
- Thenは「そうすれば」。前文の条件が整えばということ。

⑧ **So we will need one another.**
- we は the fox と the prince のこと。

⑨ **He spent time with the fox, and they finally became friends with each other.**
- they は文前半の He つまり the prince と the fox をさす。

Section 4

教科書p.85 *l*.1〜p.85 *l*.6

 **読解のポイント**

1. キツネによると、王子さまのバラが特別な理由は何ですか。
2. キツネによると、いちばん大切なものは何によってのみ見ることができますか。

① The little prince learned a valuable lesson from the fox. ② There were thousands of roses in the universe. ③ Yet now he knew that his rose was special because of the time he had spent with it. ④ The fox said, "Sometimes the most important things are invisible. ⑤ We can see them clearly only with our hearts. ⑥ And then we become responsible forever for the things we have tamed." ⑦ The prince realized that he was responsible for his rose.

 単語・語句の研究

☐ **valuable** [vǽljuəbl]	形 価値のある、役に立つ 参考 value（価値、（高く）評価する）
☐ **responsible** [rispάnsəbl]	形 責任を負う、責任がある 参考 responsibility（責任）、responsibly（責任をもって）
☐ (be) responsible for 〜	〜に責任がある 例 You are responsible for what you said. （あなたは自分の言ったことに責任がある）

解説

① The little prince learned a valuable lesson from the fox.

- learn a 〜 lesson from ... は「…から〜な教訓を得る［学ぶ］」という意味になる。

② There were thousands of roses in the universe.

- There were 〜 . は「〜があった」という文。
- thousands of 〜は「何千もの〜」の意味だが、具体的に「数千」という数を表すのではなく、「非常に多くの」という意味で使うことも多い。

③ **Yet now he knew that his rose was special because of the time he had spent with it.**

- 〈know that + S + V〉で「SがVだと知っている」の意味。過去の文なので knowがknewに、that節の中の動詞も時制の一致で過去形wasになっている。
- 〈because of + 名詞〉で「～のために」という意味になる。
- timeをhe had spent with itが直接後ろから説明している。the time he had spent with itで「彼がそれ（＝バラ）とともに過ごした時間」という意味。過去の一時点（ここではnow he knew that ～の時点）よりさらに過去のことなので、過去完了形〈had + 過去分詞 spent〉になっている。
- 確認 （　）内に適切な語を入れなさい。
  - ア．私が帰宅したとき、妹はすでに寝ていた。
    When I came home, my sister (　　　) (　　　) to bed.
  - イ．私は彼に会う前に一度、電話で話したことがあった。
    I (　　　) (　　　) with him on the phone once before I met him.

④ **The fox said, "Sometimes the most important things are invisible.**

- ここのSometimesは、頻度を表す「ときどき」というよりも、「～ということもある」という意味合いを表す副詞。
- invisibleは「目に見えない」という意味。visible「目に見える」の前に、否定を表す接頭辞inがついて「目に見えない」という意味になっている。

⑤ **We can see them clearly only with our hearts.**

- Weは特定の人ではなく、話し手であるthe foxを含めたすべての人々をさしている。
- themは前文のthe most important thingsをさす。
- withはここでは「～で、～を使って」という手段を表す前置詞。invisible「目に見えない」ので、目ではなく心で見るということ。

⑥ **And then we become responsible forever for the things we have tamed.**

- (be) responsible for ～で「～に責任がある」という意味。ここではbeのかわりにbecomeが使われており、「責任が出てくる」という意味合いが加わっている。
- thingsをwe have tamedが後ろから直接説明している。have tamedは現在完了で、「（過去から話している時点までの間に）なつかせた（＝その結果

なついている)」という意味合いがある。いったんなつかせたら、そのあとは永遠に責任が出てくるということ。

⑦ **The prince realized that he was responsible for his rose.**

● 〈realize that + S + V〉は「SがVであることに気づく」という意味。ここでは過去の文なので、realize も that 節の中の be 動詞も過去形になっている。

Section 5

教科書p.85 *l.*7〜p.85 *l.*14

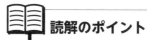 **読解のポイント**

1. この場面はいつのできごとですか。
2. 王子さまが嬉しく思ったのはなぜですか。

① It was now the eighth day since my crash landing in the desert. ② The prince and I were dying of thirst. ③ We started to search for a well. ④ At night, looking up at the sky, the prince said, "The stars are beautiful because each star has a flower even though you cannot see it. ⑤ And what makes the desert beautiful is that it hides a well somewhere ...." ⑥ I understood what he meant. ⑦ I said, "What makes things beautiful cannot be seen with the eyes, right?" ⑧ The prince responded, "I'm glad that you agreed with my friend, the fox." ⑨ After a while, we found a well and drank the water. ⑩ It was like a gift.

🅰🅱🅲 単語・語句の研究

☐ **thirst** [θə́:rst]	图 のどのかわき、脱水症状　▶つづりに注意 参考 thirsty（のどがかわいた）、thirstily（のどがかわいて）
☐ even though 〜	たとえ〜ではあっても 例 You have to go even though you don't want to. （あなたはたとえ行きたくなくても行かなくてはならない）

 解説

① **It was now the eighth day since my crash landing in the desert.**
- このItは時を表すit。「それ」とは訳さない。
- 〈the＋序数＋day since ...〉で「…から〜日後」という意味になる。
- crash landingはSection 1に出てきた「不時着」。

② **The prince and I were dying of thirst.**
- 文の主語はThe prince and Iで、複数なのでbe動詞はwereが使われている。

102

- dying は die の -ing 形。進行形にすることで「死にそうになっていた」という意味になる。die of ～で「～で死ぬ」という熟語。

③ **We started to search for a well.**
- 〈start to + 動詞の原形〉は「～し始める」の意味。
- search for ～で「～を探す」という意味になる。
- well はここでは「井戸」の意味の名詞。

④ **At night, looking up at the sky, the prince said, "The stars are beautiful because each star has a flower even though you cannot see it.**
- looking up at the sky, は分詞構文。「～しながら」という付帯状況を表している。
- look up at ～は「～を見上げる」の意味。
- each のあとには名詞の単数形がきて、「それぞれの～」という意味になる。
- 文末の it は a flower をさす。

⑤ **And what makes the desert beautiful is that it hides a well somewhere ....**
- what makes the desert beautiful「砂漠を美しくするもの」が文の主語。この what は先行詞のない関係代名詞で、「～するもの[こと]」という意味を表す。
- 〈make + O + 形容詞〉で「O を～（の状態）にする」という意味。
- 〈S + is + that + S' + V'〉で「S は S' が V' だということだ」という文。
- that 節の中の it は、文前半の the desert をさす。
- ここの well は「井戸」という意味の名詞。

⑥ **I understood what he meant.**
- 間接疑問文。〈understand + what + S + V〉で「S が何を V するのか理解する」という意味になる。what を先行詞のない関係代名詞ととらえて、what 節は「彼の意味すること」というふうに考えることもできる。

⑦ **I said, "What makes things beautiful cannot be seen with the eyes, right?"**

- What makes things beautiful「物事を美しくするもの」が文の主語。このwhatは先行詞のない関係代名詞で、「～するもの［こと］」という意味を表す。
- 〈make + O + 形容詞〉で「Oを～（の状態）にする」という意味。
- 〈can + be + 過去分詞〉は助動詞を使った受け身で、「～されることができる」の意味。「～（することが）できる」としたほうが自然な日本語になることも多い。ここでは否定文で使われている。

　⟡ **確認** （　　）内に適切な語を入れなさい。
　　　そのコンピュータは生徒たちが使うことができます。
　　　The computer (　　　) (　　　) (　　　) by the students.

⑧ **The prince responded, "I'm glad that you agreed with my friend, the fox."**

- 〈I'm glad that + S + V〉で「SがVであることが私は嬉しい」という意味になる。
- agree with ～は「～に同意する、賛成する」の意味。
- my friend = the fox の関係になっている。

⑨ **After a while, we found a well and drank the water.**

- after a while は「しばらくして」の意味。
- このwell は「井戸」の意味の名詞。

⑩ **It was like a gift.**

- It は前文のwater をさす。
- このlike は「～のような」という意味の前置詞。

Section 6

教科書p.85 l.15〜p.86 l.9

 読解のポイント

1. 「ぼく」が飛行機の修理から戻ってきたとき、王子さまは何をしていましたか。
2. 王子さまはなぜ、ついてこないでと「ぼく」に言いましたか。

The next day, I returned to my damaged plane to repair it. ① When I came back from my work, I saw the prince talking to the yellow snake. ② He was asking the snake if he could go back to his planet with its power. ③ I realized that the prince was trying to return by letting the snake bite him.

④ That night, the prince left without making a sound. ⑤ I managed to catch up with him. ⑥ The prince said, "Don't follow me, or you will be sad." ⑦ I did not say a word. "⑧ It will look as if I were dead, but that won't be true. My planet is too far. I cannot take this body with me. It's too heavy." ⑨ I kept silent. ⑩ Then, the prince took a step, and I saw a yellow flash close to his ankle. ⑪ He fell gently, the way a tree falls. He did not even make a sound because of the sand.

A B C 単語・語句の研究

☐ make a sound	音を立てる 例 He doesn't make a sound when he walks. （彼は歩くときに音を立てない）
☐ or	さもなければ 例 Hurry up, or you'll miss the train. （急ぎなさい、さもなければ電車に乗り遅れますよ）
☐ not say a word	何も言わない 例 Why don't you say a word? （なぜあなたは何も言わないの？）
☐ keep silent	黙っている 例 He still kept silent. （彼はそれでも黙っていた）
☐ take a step	一歩進む 例 I took a step to him. （私は彼のほうに一歩進んだ）

☐ **flash** [flǽʃ]　　　　　图 閃光、きらっとした光
　　　　　　　　　　　　参考 flash (ぴかっと光る、点滅する)、flashlight (懐中電灯)

☐ **gently** [dʒéntli]　　　 副 静かに、優しく
　　　　　　　　　　　　参考 gentle (物静かな、優しい)

解説

① **When I came back from my work, I saw the prince talking to the yellow snake.**
- 〈see + 人 + ～ing 形〉で「(人) が～しているところを見る」の意味になる。
- **確認** (　　) に入る適切な語を選びなさい。
　　I saw the woman (speaking / spoken) on the phone.

② **He was asking the snake if he could go back to his planet with its power.**
- 〈ask + 人など + if + S + (can +)V〉で「SがV (できる) かどうか (人など) にたずねる」という意味になる。
- **確認** (　　) 内に適切な語を入れなさい。
　　私は彼に、私と一緒に来られるかどうかたずねた。
　　I (　　) him (　　) he could come with me.

③ **I realized that the prince was trying to return by letting the snake bite him.**
- by ～ing で「～することで」の意味。
- 〈let + O + 動詞の原形〉で「Oに～させる (ことを許す)」という意味になる。
- **確認** (　　) 内に適切な語を入れなさい。
　　少女の両親は彼女をコンサートに行かせた。
　　The girl's parents (　　) her (　　) to the concert.

④ **That night, the prince left without making a sound.**
- without ～ing で「～せずに」という意味になる。

⑤ **I managed to catch up with him.**
- 〈manage to + 動詞の原形〉は「何とか～する」という意味になる。
- catch up with ～ は「～に追いつく」の意味。

⑥ **The prince said, "Don't follow me, or you will be sad."**
- 〈命令文 ～, or ....〉は、「～しなさい、さもなければ…」という文。ここでは否定の命令文が使われている。
- ✐**確認** (　　) 内に適切な語を入れなさい。
  コートを着なさい、さもなければ風邪を引きますよ。
  Wear a coat, (　　) you'll catch a cold.

⑦ **I did not say a word.**
- not say a word は「何も言わない」の意味。

⑧ **It will look as if I were dead, but that won't be true.**
- 〈as if ＋ S ＋ 動詞の過去形 ～〉は「まるで～であるかのように」という仮定法の文。現在の事実と異なる仮定を表す。
- ✐**確認** (　　) 内に適切な語を入れなさい。
  その少年は何もかもを知っているかのように話す。
  The boy talks (　　) (　　) he (　　) everything.

⑨ **I kept silent.**
- keep silent は「黙っている」の意味。〈keep ＋ 形容詞〉で「～（の状態）でいる、～の状態を保つ」という意味になる。

⑩ **Then, the prince took a step, and I saw a yellow flash close to his ankle.**
- close to ～ は「～の近くに」の意味。
- his は the prince をさす。

⑪ **He fell gently, the way a tree falls.**
- ここの the way は接続詞のような働きをしている。〈the way ＋ S ＋ V〉で「SがVするように」という意味になる。

Section 7

教科書p.86 *l*.10〜p.86 *l*.15

 **読解のポイント**

1. 王子さまと「ぼく」の別れからこの段落までに、どのくらい時が経ちましたか。
2. 「ぼく」は夜に何をするのが好きですか。

① Now, six years have already gone by. ② I have never told this story before. ③ When I returned home, my friends were glad that I was alive. ④ I was sad to lose the little prince, but I said to them that I was only tired.

⑤ Now the sadness is not so big. ⑥ I know that he has returned to his planet because I did not find his body at sunrise. ⑦ And at night, I love to listen to the stars. ⑧ It is like five hundred million little bells.

単語・語句の研究

☐ go by	(時が) 過ぎる 例 Ten years have gone by since you and I met. (あなたと私が出会ってから10年が経った)
☐ sadness [sǽdnəs]	名悲しみ 参考 sad (悲しい) ((-ness は形容詞などにつけて性質を表す名詞をつくる接尾辞))、sadden ((人を)悲しくさせる)、sadly (悲しそうに)

解説

① **Now, six years have already gone by.**
- go byは「(時が) 過ぎる」の意味。ここでは、完了を表す現在完了〈have＋過去分詞〉の形で使われている。

② **I have never told this story before.**
- 〈have never＋過去分詞〉は「一度も〜したことがない」という経験を表す現在完了の文。
- 確認 ( )内に適切な語を入れなさい。
  私はその本を一度も読んだことがない。
  I have ( ) ( ) the book.
- this storyとは、物語の最初からこの段落直前までの、王子さまと「ぼく」の話をさす。

③ **When I returned home, my friends were glad that I was alive.**

- When I returned home, とは、ここでは不時着して砂漠で8日以上過ごしたあとに帰宅したとき、ということ。その間友人たちは「ぼく」の安否を心配していたと考えられる。
- 〈be glad that + S + V〉で「SがVしてうれしい」という意味になる。that 節が感情の原因を表す言い方。

④ **I was sad to lose the little prince, but I said to them that I was only tired.**

- 〈be sad to + 動詞の原形〉で「〜して悲しい」という意味になる。感情の原因を表す不定詞の副詞的用法。
- 〈say to + 人 + that + S + V〉≒〈tell + 人 + that + S + V〉で「(人)にSはVすると言う」という意味を表す。
- them は前文の my friends をさす。

⑤ **Now the sadness is not so big.**

- not so 〜は部分否定で「そんなに〜でもない」という意味。

⑥ **I know that he has returned to his planet because I did not find his body at sunrise.**

- 〈know that + S + V〉で「SがVすると知っている」という意味になる。
- he、his は④の the little prince をさす。
- has returned は完了を表す現在完了〈have[has] + 過去分詞〉の言い方。「戻ってしまった(つまり現在はここ(地球上)にはいない)」という意味合いになる。

  ✎**確認** 次の英語を日本語に訳しなさい。

  The bus has just left.

  _____

- because 以下は過去の単純な事実なので、現在完了ではなく過去形が使われている。

⑦ **And at night, I love to listen to the stars.**

- 〈love to + 動詞の原形〉は「〜するのが大好きだ」という意味。
- listen to 〜は「〜(の音[話すこと])を聞く」という意味。

⑧ **It is like five hundred million little bells.**

- Itは前文のto listen to the stars、つまり聞くという行為全体をさす。
- ここのlikeは「〜のような」という意味の前置詞。

確認問題

1 下線部の発音が同じものには○、違うものには×を（　　）に書き入れなさい。

(1) g<u>o</u>lden ― l<u>o</u>vable　　　（　　　　）

(2) myst<u>e</u>rious ― d<u>e</u>tailed　（　　　　）

(3) th<u>ir</u>st ― ret<u>ur</u>n　　　　（　　　　）

(4) v<u>a</u>luable ― <u>a</u>lcohol　　（　　　　）

(5) resp<u>o</u>nsible ― r<u>o</u>tate　　（　　　　）

2 ⬜⬜⬜から最も適切な語を選び、（　　）に書き入れなさい。

(1) My sister set (　　　　) on a journey to the UK.

(2) How did you catch her (　　　) a lie?

(3) Three months have gone (　　　) since Mr. Green came to our school.

(4) We fell in love (　　　) each other at first sight.

(5) I have no need (　　　) your advice now.

with	of	out	by	in

3 日本語に合うように、（　　）内に適切な語を入れなさい。

(1) 私に自己紹介させてください。

(　　　) (　　　) introduce myself.

(2) ブライアンは一度も将棋をしたことがない。

Brian (　　　) (　　　) played shogi.

(3) 私はアメリカで勉強する前に8年間英語を勉強していた。

I (　　　) (　　　) English for eight years before I studied in the US.

(4) そのコップはすでに壊れてしまった。

The glass (　　　) already (　　　).

(5) その少女は自分がお姫さまであるかのようにふるまう。

The girl behaves (　　　) (　　　) she were a princess.

4 日本語に合うように、(　　) 内に適切な語を入れなさい。

(1) 私たちはお互いに影響し合っている。

We influence one (　　　　).

(2) 私はいつ自分がマイケルと友だちになったのか覚えていない。

I don't remember when I became (　　　　) (　　　　) Michael.

(3) 監督はチームを運営することに責任がある。

The coach is (　　　　) (　　　　) managing the team.

(4) たとえ雨が降っても私たちはサッカーをする。

We'll play soccer (　　　　) (　　　　) it rains.

(5) なぜあなたは黙っているのですか。

Why do you (　　　　) (　　　　)?

5 次の英語を日本語に訳しなさい。

(1) Get up now, or you'll be late for school.

_____

(2) I saw your sister running in the park.

_____

(3) He asked me if I wanted to go with him.

_____

6 日本語に合うように、[　　] 内の語句を並べかえなさい。

(1) 私が昨日買った本はおもしろかった。

[I / was / yesterday / the book / interesting / bought].

_____.

(2) 私が駅に着いたとき、電車はすでに到着していた。

When I arrived at the station, [arrived / the train / already / had].

When I arrived at the station, _____.

(3) 美しい海がその窓から見えます。

[seen / the beautiful sea / be / from / can] the window.

_____ the window.

7 次の英文を読み、設問に答えなさい。

On the first planet lived a king who always gave commands. On the second planet lived a man who was very vain. On the third planet lived a man who drank alcohol to forget his drinking habit. On the fourth planet lived a cunning businessman who counted planets to own them all. On the fifth planet lived a man who was busy lighting and extinguishing a lamp, because his planet rotated every minute. On the sixth planet lived a geographer who drew detailed maps, but he never traveled farther than his front porch.

①[planet / the / he / was / last / visited] the earth. The prince landed in a desert and could not find any humans. Instead, ② he encountered a yellow snake that claimed to have the power to return him to his home, if he ever wished to return.

Then, the prince saw some tall mountains and many roses. He was sad to realize that the volcanoes and the rose on his planet were not so special.

(1) 王子さまが訪れた1番目から6番目までの惑星について、次の表にまとめました。それぞれの空所にあてはまる日本語を書きなさい。

1番目	ア( )	いつも命令を出している
2番目	男性	とてもイ( )
3番目	男性	飲酒癖を忘れようと酒を飲んでいる
4番目	ウ( )	全部手に入れるために惑星の数を数える
5番目	男性	街灯を点けたり消したり忙しい
6番目	エ( )	詳細な地図を描いているが外に出たことがない

(2) 下線部①が「彼が最後に訪れた惑星が地球だった」という意味になるように、[ ]内の語を並べかえなさい。

_____ the earth.

(3) 下線部②を日本語に訳しなさい。

_____

8 次の英文を読み、設問に答えなさい。

The next day, I returned to my damaged plane to repair it. When I came back from my work, ①[the prince / talking / saw / I / to] the yellow snake. ②He was asking the snake if he could go back to his planet with its power. I realized that the prince was trying to return by letting the snake bite him.

That night, the prince left without making a sound. I managed to catch up with him. The prince said, "③Don't follow me, (　　　) you will be sad." I did not say a word. "It will look as if I were dead, but that won't be true. My planet is too far. I cannot take this body with me. It's too heavy." I ④(　　　) (　　　). Then, the prince took a step, and I saw ⑤a yellow flash close to his ankle. He fell gently, the way a tree falls. He did not even make a sound because of the sand.

(1) 下線部①が「私は王子さまが黄色いヘビに話しかけているのを見た」という意味になるように、[　　]内の語句を並べかえなさい。

_____ the yellow snake

(2) 下線部②を日本語に訳しなさい。

_____

(3) 下線部③が「ぼくについて来ないで、さもなければあなたは悲しくなるから」という意味になるように、(　　)にあてはまる1語を書きなさい。

_____

(4) 下線部④が「黙っていた」という意味になるように、(　　)にそれぞれ適する語を入れなさい。　　_____ _____

(5) 下線部⑤のa yellow flashがさすものを、日本語で簡潔に書きなさい。

_____

(6) 本文の内容に合うように、次の質問に英語で答えなさい。

How was the prince trying to return to his planet?

_____

Murals
— The Power of Public Art

Muralとは、「壁画」や「壁に描かれた絵」のことです。中でも、街中のビルの壁など、生活の場に描かれた壁画のことをさします。

街中の壁に絵を描くことは、場合によっては落書きとみなされ、景観や治安の問題として懸念されることもよくあります。しかし今日、世界各地の街において、さまざまな自治体や団体などが、地域に住む人々の歴史や文化を表現するものとして、また観光客などに対する呼び物として、芸術としての壁画を活用している例が増えています。

このレッスンでは、カナダのトロントで、落書きを減らし街をより美しくすることを目的としたStARTプロジェクト、オーストラリアのバゴットで先住民の歴史や誇りを表現し、インターネットなどを通じて世界に公開されている壁画、ドイツのベルリンで、かつて東西ドイツを分断していたベルリンの壁に描かれた壁画、そして日本の天王洲アイルを芸術的スポットにした壁画について読んでいきます。

壁画が描き手にとって、また地域住民にとってどのような意味を持つのか、またそれぞれの場所と歴史とどのような関係があるのかについて考えながら読み進めてみましょう。

Section 1

教科書p.90

読解のポイント

1. 壁画はどんな場所で見ることができますか。
2. StARTのプロジェクトによって、街の通りはどのように変わりましたか。

① These days, murals in public places are becoming popular all over the world. ② Murals are paintings on walls. ③ You may wonder why people create them. ④ Let's look at some murals around the world and the stories behind them.

⑤ In Toronto, Canada, there is a project called "StART." ⑥ The project was launched to reduce the amount of graffiti and increase the beauty of the city. ⑦ In this project, citizens can submit designs. ⑧ Once the city gives permission, those people may paint their murals on places such as bridges and the walls of buildings. ⑨ In this way, creative and colorful street art has replaced graffiti.

⑩ The StART project makes city streets more beautiful and peaceful. ⑪ It also empowers local artists and encourages people to walk around the city.

ABC 単語・語句の研究

☐ mural(s) [mjúərəl(z)]	图 壁画 参考 mural (壁の)
☐ Toronto [tərántou]	图 トロント((カナダの都市))
☐ StART [stá:rt]	图 ((トロントで実施されているプロジェクトの正式名称 "StreetARToronto" の略))
☐ graffiti [grəfí:ti]	图 落書き　▶発音に注意
☐ submit [səbmít]	動 (案を)提出する、投稿する 参考 submission (提出、報告書)
☐ permission [pərmíʃn]	图 許可、認可 参考 permit (許可する、許す)、permissive (許される(程度の))
☐ empower [impáuər(z)]	動 権限を与える、力づける 参考 power (権限、力)、en-[em-] (名詞の前につけて「～を与える」の意味の動詞を作る)

解説

① **These days, murals in public places are becoming popular all over the world.**
- these days は「最近、近頃」の意味。
- murals in public places が文の主語、are becoming が動詞、popular が補語。

② **Murals are paintings on walls.**
- ここの paintings は動詞の〜ing 形ではなく、「絵画」という意味の名詞。murals = paintings on walls の関係になっている。直前に be 動詞 are があってやや紛らわしいので注意しよう。

③ **You may wonder why people create them.**
- You は読者をさす。
- may は推量や許可を表す助動詞。〈may +動詞の原形〉で「〜かもしれない」や「〜してもよい」の意味を表す。助動詞にはほかに、should「〜すべき」などがある。
- 確認 （　　）内に適切な語を入れなさい。
  - ア．彼は今日学校を休むかもしれない。
    He (　　) (　　) absent from school today.
  - イ．あなたはこの本を読むべきだ。おもしろいよ。
    You (　　) (　　) this book. It's interesting.
- 〈wonder why S + V〉で「S が V するのはなぜだろうと思う」という意味。

④ **Let's look at some murals around the world and the stories behind them.**
- look at 〜「〜を見る」の目的語として some murals around the world と the stories behind them が and で結ばれて並んでいる。
- them は some murals around the world をさす。

⑤ **In Toronto, Canada, there is a project called "StART."**
- In Toronto, Canada, は「カナダのトロントで」の意味。英語で地名を言うときは、狭い方から広いほうへという順番にすることに注意。
- a project を called "StART" が後ろから説明している。a project called "StART" で「『StART』と呼ばれるプロジェクト」という意味。

117

⑥ **The project was launched to reduce the amount of graffiti and increase the beauty of the city.**
- to 以降は「～するために」という目的を表す不定詞句。reduce the amount of graffiti と increase the beauty of the city という 2 つの目的が and で結ばれている。
- the amount of ～は「～の量」の意味。

⑦ **In this project, citizens can submit designs.**
- can は可能を表す助動詞。〈can + 動詞の原形〉で「～できる」の意味になる。助動詞にはほかに、must (be ～)「～にちがいない」などがある。
- 確認 (　　)内に適切な語を入れなさい。
  - ア．私は今日あなたを手伝えますよ。
    - I (　　) (　　) you today.
  - イ．あの背の高い男性が私たちの新しい先生にちがいない。
    - That tall man (　　) (　　) our new teacher.

⑧ **Once the city gives permission, those people may paint their murals on places such as bridges and the walls of buildings.**
- once はここでは「いったん～すれば」という意味の接続詞。
- may はここでは「～してもよい」の意味を表す。

⑨ **In this way, creative and colorful street art has replaced graffiti.**
- way はここでは「方法、やり方」。in this way で「このようにして」の意味になる。
- creative and colorful street art が文の主語。

⑩ **The StART project makes city streets more beautiful and peaceful.**
- 〈make + O (city streets) + 形容詞 (more beautiful and peaceful)〉で「O を～ (の状態) にする」という意味になる。

⑪ **It also empowers local artists and encourages people to walk around the city.**
- It は前文の The StART project をさす。
- 動詞と目的語はそれぞれ 2 つ。empowers local artists と encourages people to walk around the city が and で等位に結ばれている。

Section
2
教科書p.92

 読解のポイント

1. バゴットとはかつてどのような場所でしたか。
2. バゴットの壁画によって、若者たちはどのような影響を受けていますか。

①There are also public art projects in Australia. ②Some projects are aided by the government. ③One of them took place in the Bagot community. ④Bagot is an area where Aboriginal people were once forced to live and work. ⑤The community members would like to tell their history through murals.

⑥In this project, local indigenous people painted murals on houses and fences with professional artists. ⑦The murals celebrate the indigenous people's culture and their personal stories. ⑧With these murals, young members of Bagot seem to learn more about the community's history and feel a sense of pride.

⑨Today, the murals are open to the public. ⑩They can be viewed through walking tours or on the Internet. ⑪Taking a closer look at the murals, viewers can appreciate the life and culture of the indigenous people.

ᴀʙᴄ 単語・語句の研究

☐ **aid(ed)** [éid(id)] 　動 支援する、援助する
　　　　　　　　　　　　参考 aid（支援、援助）

☐ **Bagot** [bǽgət] 　名 バゴット（（オーストラリアの地名））

☐ **Aboriginal** 　形 オーストラリア先住民の
　[æ̀bərídʒənl] 　参考 Aborigine（アボリジニ、オーストラリア先住民）

☐ **force(d)** [fɔ́ːrs(t)] 　動 強制する
　　　　　　　　　　　参考 force（力）、forceful（力ずくの）

☐ be forced to ～ 　～することを強制される
　　　　　　　　　例 They were forced to leave the building.
　　　　　　　　　（彼らは建物を出ることを強制された）

☐ seem to ～ 　～するように見える
　　　　　　　例 The cat seems to like the cushion.
　　　　　　　（猫はそのクッションが気に入っているように見える）

☐ **pride** [práid] 　名 誇り
　　　　　　　　　参考 proud（誇りに思って）

☐ take a look at ~	~を見る **例** Take a look at this picture. （この写真を見て）
☐ **appreciate** [əpriːʃièit]	**動** 正しく理解する、価値を認める　▶発音に注意 **参考** appreciation（十分な理解、鑑賞）

 解説

① **There are also public art projects in Australia.**
- There are also ~. 「~もある」という文を使って、Section 1 のトロントの StART プロジェクトに加えて、オーストラリアの例を紹介している。

② **Some projects are aided by the government.**
- 受け身の文。be aided by ~ で「~の支援を受けている」の意味。

③ **One of them took place in the Bagot community.**
- 〈one of ＋名詞・代名詞の複数形〉は「~の1つ」の意味。them は前文の、政府の支援を受けている Some projects をさす。
- take place は「行われる、起こる」の意味。

④ **Bagot is an area where Aboriginal people were once forced to live and work.**
- where 以降は関係副詞節。〈where ＋ S ＋ V〉の形で、直前の場所を表す名詞（ここでは an area）を説明する。

  例 This is the restaurant where I ate lunch yesterday.
  （ここが私が昨日昼食を食べたレストランだ）

⑤ **The community members would like to tell their history through murals.**
- 〈would like to ＋動詞の原形〉で「~したい」という意味になる。would は助動詞 will の過去形だが、過去の意味はなく、気持ちを控えめに伝えるときに使う。
- 助動詞の過去形を使った表現としては、ほかに〈Could you ＋動詞の原形 ~?〉「~していただけますか」、〈might be ＋動詞の原形〉「~かもしれない」などがある。

✎ 確認 （　　　）内に適切な語を入れなさい。助動詞の過去形を使うこと。

ア．その打ち合わせに参加したいです。

I (　　　) (　　　) to attend the meeting.

イ．ドアを開けていただけますか。

(　　　) (　　　) open the door?

ウ．あなたは疲れているのかもしれない。

You (　　　) (　　　) tired.

⑥ **In this project, local indigenous people painted murals on houses and fences with professional artists.**

- local indigenous peopleが文の主語、paintedが動詞、muralsが目的語。on houses and fencesとwith professional artistsはそれぞれpaintedを修飾している。

⑦ **The murals celebrate the indigenous people's culture and their personal stories.**

- 動詞はcelebrate「たたえる」、目的語はthe indigenous people's cultureとtheir personal storiesの2つ。theirはthe indigenous people'sをさす。

⑧ **With these murals, young members of Bagot seem to learn more about the community's history and feel a sense of pride.**

- 〈seem to＋動詞の原形〉は「～するように見える」の意味。ここでは、learnとfeelという動詞の原形、そしてそれぞれの目的語があとに続いている。

⑨ **Today, the murals are open to the public.**

- ここのopenは「公開の」という形容詞。be open to ～で「～に公開されている」という意味になる。

⑩ **They can be viewed through walking tours or on the Internet.**

- 〈can be＋過去分詞〉は「～されることができる」という受け身の可能を表す。日本語に訳すときは、「～できる」としたほうが自然な場合が多い。

⑪ **Taking a closer look at the murals, viewers can appreciate the life and culture of the indigenous people.**

- take a look at ～は「～を見る」の意味。ここでは「～すると」という意味を表す分詞構文の形で使われている。

121

Section 3

教科書p.94

 読解のポイント

1. ベルリンの壁画はどこに描かれていましたか。
2. この壁画は、人々に何を思い出させるようですか。

① Murals can be seen in Berlin, Germany, as well. ② They have a unique origin. ③ They were painted on the Berlin Wall.

④ The Berlin Wall divided the city into the West and the East from 1961 to 1989. ⑤ The wall was a symbol of the Cold War. ⑥ In 1989, a few days after the fall of the wall, 118 artists from 21 countries started painting murals on the east side of the wall. ⑦ The next year, 1.3 kilometers of the wall was officially opened as the East Side Gallery.

⑧ The artists included their individual messages and statements in their murals. ⑨ They must have been an expression of people's happiness over the end of the German division. ⑩ It seems that they remind people of the sad history of creating a border inside one country.

A B C 単語・語句の研究

☐ Berlin [bə:rlín]	图 ベルリン ((ドイツの都市))
☐ **origin** [ɔ́:rədʒən]	图 起源　▶発音に注意 参考 original (最初の、オリジナルの)
☐ the Berlin Wall	ベルリンの壁
☐ divide ~ into ...	~を…に分ける 例 The teacher divided the class into four groups. (先生はクラスを4つのグループに分けた)
☐ the West and the East	西側と東側 ((ここでは旧西ドイツと旧東ドイツ))
☐ the Cold War	冷戦
☐ **officially** [əfíʃəli]	副 公式に、正式に 参考 official (公式の、正式の)
☐ **gallery** [ɡǽləri]	图 画廊、美術館、ギャラリー
☐ the East Side Gallery	イーストサイド・ギャラリー

☐ **individual** [ìndəvídʒuəl]	形 個人の、それぞれの 参考 individual（個人）、individually（個々に、それぞれ）
☐ **statement(s)** [stéitmənt(s)]	名 声明、主張、発言 参考 state（（正式に）述べる、主張する）
☐ the German division	ドイツの分断
☐ it seems that 〜	〜であるようだ 例 It seems that everything is going well. （すべてはうまく行っているようだ）
☐ **border** [bɔ́ːrdər]	名 国境、境界 参考 borderline（国境、境界線、境界線上の）

 解説

① **Murals can be seen in Berlin, Germany, as well.**
- 〈can be ＋過去分詞〉は、可能を表す助動詞 can と受け身を組み合わせた形。直訳すると「〜されることができる」となるが、「〜（することが）できる」と訳したほうが自然な場合も多い。

② **They have a unique origin.**
- They は①の、ドイツのベルリンで見ることのできる murals をさす。

③ **They were painted on the Berlin Wall.**
- They は①の murals をさす。

④ **The Berlin Wall divided the city into the West and the East from 1961 to 1989.**
- divide 〜 into ... は「〜を…に分ける」の意味。ここでは、「...」の部分が the West and the East になっている。

⑤ **The wall was a symbol of the Cold War.**
- a symbol of 〜は「〜の象徴」の意味。

⑥ **In 1989, a few days after the fall of the wall, 118 artists from 21 countries started painting murals on the east side of the wall.**
- In 1989と a few days after the fall of the wallはいずれも時を表す修飾語句。
- start ～ingで「～し始める」の意味になる。

⑦ **The next year, 1.3 kilometers of the wall was officially opened as the East Side Gallery.**
- 1.3 kilometers of the wallを主語とした受け身の文。

⑧ **The artists included their individual messages and statements in their murals.**
- include ～ in ... で「…に～を含める」の意味になる。

⑨ **They must have been an expression of people's happiness over the end of the German division.**
- Theyは前文のmuralsをさす。
- 〈must + have + 過去分詞〉で「(過去に)～したにちがいない」という過去に対する強い推量を表す。助動詞のあとに過去形は使えないため、〈have + 過去分詞〉で過去を表している。must have beenは「～だったにちがいない」の意味。
- 同様に〈may + have + 過去分詞〉で「(過去に)～したかもしれない」、〈should + have + 過去分詞〉で「(過去に)～するべきだったのに」という意味を表す。
- 🖋️**確認**　(　　)内に適切な語を入れなさい。
  - ア．その少年は眠かったに違いない。
    - The boy (　　　) (　　　) been sleepy.
  - イ．彼女はその美術館を訪れたかもしれない。
    - She (　　　) have (　　　) the museum.
  - ウ．そのとき「ごめんなさい」と言うべきだったのに。
    - You (　　　) (　　　) (　　　) "Sorry."

⑩ **It seems that they remind people of the sad history of creating a border inside one country.**
- 〈it seems that + S + V〉で「SがVするようだ」という意味を表す。
  - **例** It seems that the bus will arrive soon.
    - (バスはもうすぐ到着するようだ)
- remind ～ of ... は「～に…を思い出させる」の意味。

Section 4

教科書p.96

 読解のポイント

1. 天王洲アイルでは、どのような場所に壁画が描かれていますか。
2. ここまで見てきたさまざまな壁画に共通するものは何ですか。

① There are also mural art projects in Japan. ② One of them is the project in Tennozu Isle, Tokyo.

③ The reclaimed island at the edge of Tokyo Bay has many warehouses. ④ In the project, artists painted murals on the walls of the warehouses and other large buildings. ⑤ The artworks express the integration of traditional Japanese culture and modern art in the waterfront area. ⑥ As a result, Tennozu Isle seems to have turned into an artistic spot with murals.

⑦ As we have seen, mural art projects are created from a variety of backgrounds for different purposes. ⑧ One feature in common is the power of public art. ⑨ Murals make communities beautiful, express their cultures and histories, and attract people. Murals are art museums for everyone.

A B C 単語・語句の研究

☐ isle [áil]	图（小さな）島　▶発音に注意	
☐ Tennozu Isle	天王洲アイル（(地名))	
☐ reclaim(ed) [rikléim(d)]	動（海などを）埋め立てる	
☐ **edge** [édʒ]	图縁、端　▶つづりに注意	
☐ at the edge of ~	~の縁に	
	例 The building stands at the edge of the town. （その建物は街の縁に立っている）	
☐ **bay** [béi]	图湾	
☐ **warehouse(s)** [wéərhàus(-hàuziz)]	图倉庫	
☐ **artwork(s)** [áːrtwàːrk(s)]	图芸術作品	
☐ integration [intəgréiʃn]	图統合	
	参考 integrate（統合する、融和させる）	
☐ **waterfront** [wɔ́ːtərfrʌ̀nt]	图海岸（の土地）	

125

☐ turn into ～	～に変わる 囫 The rain turned into snow after midnight. （雨は午前0時過ぎに雪に変わった）
☐ **artistic** [ɑːrtístik]	形 芸術的な、芸術の 参考 art（芸術）、artist（芸術家）
☐ **spot** [spát]	名 場所、スポット
☐ in common	共通の 囫 We have some hobbies in common. （私たちにはいくつか共通の趣味がある）

 解説

① **There are also mural art projects in Japan.**

● ここのalsoは「日本にも」ということ。

② **One of them is the project in Tennozu Isle, Tokyo.**

● ⟨one of +（代）名詞の複数形⟩で「～の1つ」という意味。One of them が主語で、単数扱いなので、be動詞はisが使われている。

● themは前文のmural art projects in Japanをさす。

③ **The reclaimed island at the edge of Tokyo Bay has many warehouses.**

● The reclaimed islandは「埋め立てられた島」の意味。天王洲アイルは、東京湾の埋め立て地に位置している。

● The reclaimed island at the edge of Tokyo Bayが文の主語。

④ **In the project, artists painted murals on the walls of the warehouses and other large buildings.**

● 文の主語はartists、動詞はpainted、目的語がmurals。muralsを on the walls以降が修飾している。

⑤ **The artworks express the integration of traditional Japanese culture and modern art in the waterfront area.**

● the integration of A and Bで「AとBの統合」という意味になる。

⑥ **As a result, Tennozu Isle seems to have turned into an artistic spot with murals.**

● 〈seem to have + 過去分詞〉で「(過去に)〜したように思われる」という過去に対する推測を表す。なお、この形はIt seems that 〜 .を使って書きかえることができる。その形で表すと、⑥の文の下線部はit seems that Tennozu Isle turned into an artistic spot with muralsとなる。

● 〈appear to have + 過去分詞〉でも同様に「(過去に)〜したように思われる」の意味に、また〈be動詞 + said to have + 過去分詞〉で「〜したと言われている」という意味になる。

⌘**確認** ( )内に適切な語を入れなさい。

ア．昨夜雨が降ったように思われる。

It seems to ( ) ( ) last night.

イ．彼女はその事実を知っていたように思われる。

She ( ) to have ( ) the fact.

ウ．その選手は試合中にけがをしたと言われている。

The player is ( ) to ( ) gotten injured during the game.

⑦ **As we have seen, mural art projects are created from a variety of backgrounds for different purposes.**

● a variety of 〜は「さまざまな〜、いろいろな〜」の意味。

⑧ **One feature in common is the power of public art.**

● in commonは「共通の」の意味で、featureを修飾している。

⑨ **Murals make communities beautiful, express their cultures and histories, and attract people.**

● Muralsが文の主語で、これを受ける動詞はmake、express、attractの3つが並列している。

● 〈make + O + 形容詞〉で「Oを〜(の状態)にする」の意味。

文型と文法の解説

• •

1 助動詞

◉ 「～かもしれない」＝ ［may＋動詞の原形］

You **may wonder** why people create them.
「不思議に思うかもしれない」

（あなたはなぜ人々がそれらを作るのか不思議に思うかもしれない）

Citizens **can submit** designs.
「提出することができる」　　　（市民はデザインを提出することができる）

　助動詞は〈助動詞＋動詞の原形〉の形で話し手の気持ちや判断を表す働きをする。助動詞には、may「～かもしれない」「～してもよい」、can「～できる」、should「～すべきだ」、must「～にちがいない」「～しなければならない」などがある。

例 You look tired. You **should go** to bed early.
　　（あなたは疲れて見える。早く寝るべきだ）

• •

2 助動詞の過去形を使った表現

◉ 「～したい」＝ ［would like to＋動詞の原形］

The members **would like to tell** their history.
「伝えたい」

（メンバーたちは自分たちの歴史を伝えたい）

　助動詞wouldは〈would like to＋動詞の原形〉で「～したい」という控えめな希望を伝えるときに使う。このように、助動詞の過去形でも過去の意味はなく、自分の気持ちを控えめに伝えるときに使うことがある。助動詞の過去形を使った表現にはほかに、丁寧な依頼のときに使う〈Could you＋動詞の原形 ～?〉「～していただけませんか」や、弱い推量を表す〈might＋動詞の原形〉「～かもしれない」などがある。

例 **Could** you **speak** more slowly?
　　（もっとゆっくり話していただけませんか）
　　She **might be** late for the meeting.
　　（彼女は打ち合わせに遅れるかもしれない）

3 助動詞＋ have ＋過去分詞

◉ 「(過去に) 〜したにちがいない」＝［must ＋ have ＋過去分詞］

They **must have been** an expression of people's happiness.
「〜だったにちがいない」

(それらは人々の幸せの表現だったにちがいない)

〈助動詞 ＋ have ＋ 過去分詞〉の形は、過去のことについて現時点で推量する時や、過去のことについての後悔を表すときなどに使われる。助動詞のあとに過去形は使えないので、〈have ＋ 過去分詞〉で過去を表す。

〈must ＋ have ＋ 過去分詞〉で「〜したにちがいない」、〈may ＋ have ＋ 過去分詞〉で「〜したかもしれない」、〈should ＋ have ＋ 過去分詞〉で「〜するべきだったのに」という意味になる。

例 He **must have been** late for school.
(彼は学校に遅刻したにちがいない)

She **should have gotten** up early.
(彼女は早く起きるべきだったのに)

4 完了不定詞

◉ 「(過去に) 〜したように思われる」＝［seem to have ＋過去分詞］

Tennozu Isle **seems to have turned** into an artistic spot.
「変化したように思われる」

(天王洲アイルは芸術的なスポットに変化したように思われる)

〈to have ＋ 過去分詞〉の形は完了形の不定詞で、述語動詞よりも過去のことを表すことができる。

〈seem to ＋ 動詞の原形〉は「〜するように思われる」、〈seem to have ＋ 過去分詞〉は「〜したように思われる」という意味を表す。この形をとる表現はほかに〈appear to have ＋ 過去分詞〉「〜したように思われる」、〈be said to have ＋ 過去分詞〉「〜したと言われている」などがある。

例 This machine **appears to have been repaired**.
(この機械は修理されたようだ)

He **is said to have invented** a lot of things.
(彼は多くのものを発明したと言われている)

確認問題

1 下線部の発音が同じものには○、違うものには×を (　　) に書き入れなさい。

(1) graffiti — pride 　　　(　　　　)

(2) aid — bay 　　　(　　　　)

(3) appreciate — edge 　　　(　　　　)

(4) statement — gallery 　(　　　　)

(5) submit — individual 　(　　　　)

2 ⬚ から最も適切な語を選び、必要があれば形を変えて、(　　) に書き入れなさい。

(1) Let's (　　　　) the cake into four pieces.

(2) During the war, children were (　　　　) to work.

(3) Have you (　　　　) your report yet?

(4) Please take a (　　　　) at the roses. They are beautiful.

(5) Water (　　　　) into ice at 0 degrees.

| force | look | divide | turn | submit |

3 日本語に合うように、(　　) 内に適切な語を入れなさい。

(1) 宿題を1日で終わらせるのは難しいかもしれない。

It (　　　　) (　　　　) difficult to finish my homework in a day.

(2) あの少年がボブの兄 [弟] にちがいない。

That boy (　　　　) (　　　　) Bob's brother.

(3) あなたはそのコンサートに行くべきだったのに。

You (　　　　) (　　　　) (　　　　) to the concert.

(4) 私にアドバイスをいただけますか。

(　　　　) (　　　　) give me some advice?

(5) 彼は偉大な野球選手だったと言われている。

He is said to (　　　　) (　　　　) a great baseball player.

4 日本語に合うように、(　　) 内に適切な語を入れなさい。

(1) 公園の縁に数本の木がある。

There are some trees at the (　　) (　　) the park.

(2) 単語の起源を知るのはおもしろい。

It is interesting to know the (　　) of a word.

(3) あなたはその新しい画廊を訪れるべきです。

You should visit the new (　　).

(4) 私たちには数人、共通の友だちがいる。

We have some friends (　　) (　　).

(5) その川は2つの国の国境だ。

The river is the (　　) between the two countries.

5 次の英語を日本語に訳しなさい。

(1) I would like to drink another cup of coffee.

_____

(2) You may have read this book when you were young.

_____

(3) I seem to have forgotten my password.

_____

6 日本語に合うように、[　　] 内の語句を並べかえなさい。

(1) 妹は風邪を引いたようだ。

[caught / appears / my sister / to / a cold / have].

_____.

(2) リサは図書館でその男性を見かけたにちがいない。

[have / the man / must / Lisa / seen] in the library.

_____ in the library.

(3) この計画についてのあなたの意見を知りたいのですが。

[like / your / I / know / opinion / to / would] about this project.

_____ about this project.

7 次の英文を読み、設問に答えなさい。

There are also public art projects in Australia. Some projects are aided by the government. One of them took place in the Bagot community. ①Bagot is an area where Aboriginal people were once forced to live and work. ②The community members [tell / would / history / to / like / their] through murals.

In this project, local indigenous people painted murals on houses and fences with professional artists. The murals celebrate the indigenous people's culture and their personal stories. With these murals, ③young members of Bagot seem to learn more about the community's history and feel a sense of pride.

Today, the murals are open to the public. ④They can be viewed through walking tours or on the Internet. ⑤Taking a closer (   ) (   ) the murals, viewers can appreciate the life and culture of the indigenous people.

(1) 下線部①は先住民の人々にとってかつてどのような場所だったか、日本語で簡潔に説明しなさい。

_____

(2) 下線部②が「コミュニティのメンバーたちは自分たちの歴史を伝えたい」という意味になるように、[　　]内の語を並べかえなさい。

The community members _____

(3) 下線部③を日本語に訳しなさい。

_____

_____

(4) 下線部④のTheyがさすものを、本文中から抜き出して書きなさい。

_____

(5) 下線部⑤が「その壁画をよりよく見ると」という意味になるように、(　　)にそれぞれ適する語を入れなさい。

_____ _____

(6) 本文の内容に合うように、次の質問に英語で答えなさい。

What do the murals celebrate in Bagot?

_____

"Englishes" in the World

　世界で最も多くの人が第一言語（母語）として話している
のは何語でしょうか。答えは中国語です。中国国内だけで、
９億人を超える人々が母語として中国語を話しています。
そして、統計によって順序は異なりますが、２・３番目に
多いのがスペイン語と英語だといわれています。スペイン
語は、スペイン国内はもちろんのこと、南アメリカ大陸の
多くの国において母語として話されています。

　英語を母語として話す人の数は４億人に満たないと推計
されています。意外と少ないと思われるかもしれません。
しかし英語の特徴は、母語として話す人よりも、第二、第
三の言語として、あるいは別の言語を話す人とコミュニケー
ションする際の共通語として、話す人の数が非常に多いと
いうことです。英語を何らかの形で話す人の数は、11億人
を超えるといわれます。実際、今これを読んでいる皆さんも、
日本で外国語として英語を学んでいますね。

　英語を母語として話す国の中でも、例えばアメリカとイ
ギリスでは発音や一部のつづり、語彙が違います。それぞ
れの国の中でも地方や人種などによって違いが生まれます。
もちろん母語が英語でない国においては、その国の母語の
影響を受けて、語彙や発音にも多くの違いが出てきます。

　それぞれの国や人がもつ文化、背景によって、英語には
さまざまな変種があります。お互いの文化や背景を尊重し
ながら、自分の意思をわかりやすく伝える伝え方、相手の
言いたいことをきちんと受け止められる力をつけていきた
いものです。

Section 1

教科書 p.106

 **読解のポイント**

1. 言語学者が分けた3つのグループのうち、グループ1には
   どんな国が含まれますか。
2. グループ1に含まれる国の特徴は何ですか。

①Have you ever heard of "World Englishes"? ②This term refers to the many varieties of English around the world. ③A linguist created this term, dividing the varieties into three groups.

④The first group consists of the varieties of English spoken in the UK, the US, Canada, Australia, and New Zealand. ⑤Many people in these countries speak English as their first language.

⑥However, words, spellings, and pronunciation are sometimes different depending on the country. ⑦For example, "school cafeteria" in the US becomes "canteen" in the UK.

⑧Even in one country, people in different regions speak differently. ⑨Thus, English spoken by native speakers has many local varieties among the countries and inside each country.

ⒶⒷⒸ 単語・語句の研究

☐ World Englishes	世界のさまざまな英語((造語))
☐ **term** [tə́ːrm]	名 ことば、(専門)用語
☐ refer to ～	～を示す
	例 What does the word refer to?
	(この単語は何を示しますか)
☐ first language	第一言語 [母語]
☐ **spelling(s)** [spéliŋ(z)]	名 (単語の)つづり
☐ depending on ～	～によって
	例 Lunch menu changes depending on the season.
	(ランチメニューは季節によって変わる)
☐ **canteen** [kæntíːn]	名 (学校などの)食堂
☐ **region(s)** [ríːdʒən(z)]	名 地域　▶発音に注意
	参考 regional (地域の)、regionally (地域的に)

☐ **native** [néitiv] 　　　 形 母国の、故郷の

参考 native speaker（ネイティブスピーカー、（その言語を）母国語として話す人）

 解説

① **Have you ever heard of "World Englishes"?**
- 〈Have you ever + 過去分詞 ～?〉は「あなたはこれまでに～したことがありますか」と経験をたずねる言い方。

② **This term refers to the many varieties of English around the world.**
- This term は"World Englishes"をさす。

③ **A linguist created this term, dividing the varieties into three groups.**
- dividing 以降は分詞構文で、ここでは「そして～した」という動作の連続の情報を付け加えている。分詞構文はこのほかに、「～しながら」（付帯状況）、「～なので」（原因・理由）などを表すこともある。なお、分詞構文は文の前半、後半どちらにも置くことができる。
- 確認 （　）内に適切な語を入れなさい。
  ア．朝食を食べながら、私はテレビでそのニュースを見た。
  　　（　　）（　　）, I watched the news on TV.
  イ．疲れていたので、私は早く寝た。
  　　（　　）（　　）, I went to bed early.

④ **The first group consists of the varieties of English spoken in the UK, the US, Canada, Australia, and New Zealand.**
- consist of ～は「～から成る、～で構成されている」の意味。
- spoken は形容詞的用法の過去分詞。spoken 以降が English を修飾している。

⑤ **Many people in these countries speak English as their first language.**
- Many people ～ countries までが文の主語。
- as one's first language で「～の第一言語［母語］として」の意味になる。

⑥ **However, words, spellings, and pronunciation are sometimes different depending on the country.**
- Howeverは「しかし」の意味で、words ～ pronunciationまでが文の主語。

⑦ **For example, "school cafeteria" in the US becomes "canteen" in the UK.**
- For example,「例えば」を使って、⑥の説明の具体例を挙げている。
- "school cafeteria" in the USと"canteen" in the UKが対になって比較されている。

⑧ **Even in one country, people in different regions speak differently.**
- even ～は「～でさえ」の意味。
- people in different regionsが文の主語。

⑨ **Thus, English spoken by native speakers has many local varieties among the countries and inside each country.**
- spokenは形容詞的用法の過去分詞で、spoken ～ speakersがEnglishを修飾している。
- many local varieties「多くの地域による変種」をamong the countries「国家間で」とinside each country「それぞれの国の中で」が後ろから修飾している。

Section 2

教科書p.108

 読解のポイント

1. グループ2に含まれる国では、英語はどのような位置づけですか。
2. シンガポールでは、英語はどのような場所で使われていますか。

① The second group includes the varieties of English spoken in countries such as India, the Philippines, Singapore, Pakistan, and Kenya. ② In these multilingual societies, English is spoken as a second language or an official language.

③ In these countries, people usually use their mother tongue at home and in their daily lives. ④ They use English for work and official matters. ⑤ For example, in Singapore, most people speak Mandarin, Malay, or Tamil at home, but they use English in schools, workplaces, and public offices.

⑥ Influenced by their local languages, their varieties of English may not sound like American or British English. ⑦ However, it does not mean that their varieties are inferior. ⑧ They are an important part of the speakers' identities.

A B C 単語・語句の研究

□ Singapore [síngəpɔ̀ːr] 名 シンガポール((国名))

□ multilingual [mʌ̀ltilíŋgwəl] 形 多言語の、多言語を使用する

□ second language 第二言語
例 Lisa speaks French as a second language.
(リサは第二言語としてフランス語を話す)

□ mother tongue 母語
例 My mother tongue is Japanese.
(私の母語は日本語だ)

□ Mandarin [mǽndrin] 名 標準的な中国語

□ Malay [méilei] 名 マレー語

□ Tamil [tǽmil] 名 タミル語

□ inferior [infíəriər] 形 劣っている、下級の
参考 inferiority（劣っていること、下級）

137

解説

① **The second group includes the varieties of English spoken in countries such as India, the Philippines, Singapore, Pakistan, and Kenya.**

- spoken は形容詞的用法の過去分詞。varieties of English「英語の変種」を spoken 以降が修飾している。
- such as ～は「～などの」と具体例を挙げるときに使われる。

② **In these multilingual societies, English is spoken as a second language or an official language.**

- In these multilingual societies は、前文の India 以降で挙げられている国々をさす。
- second language は「第二言語」、official language は「公用語」の意味。

③ **In these countries, people usually use their mother tongue at home and in their daily lives.**

- mother tongue は「母語」、つまり first language「第一言語」の意味。
- at home と in their daily lives という場所・場面を表す語句が use their mother tongue を修飾している。

④ **They use English for work and official matters.**

- They は前文の people、つまり The second group に属する国の人々をさす。

⑤ **For example, in Singapore, most people speak Mandarin, Malay, or Tamil at home, but they use English in schools, workplaces, and public offices.**

- 文後半の they は most people をさしている。
- but をはさんで、文の前半に at home「自宅で」の使用言語、後半に in schools, workplaces, and public offices「学校、仕事場、官公庁」での使用言語について書かれている。

⑥ **Influenced by their local languages, their varieties of English may not sound like American or British English.**

- Influenced by their local languages, は「～されて」という意味を表す受け身の分詞構文。

✍**確認** （　　）内に適切な語を入れなさい。

ア．山の頂上から見ると、その町は美しく見える。

（　　）（　　） the top of the mountain, the town looks beautiful.

イ．あなたに助けてもらって、そのパーティーは成功だった。

（　　）（　　） you, the party was successful.

●may は推量を表す助動詞。ここでは否定文で使われており、〈may not ＋動詞の原形〉で「〜しないかもしれない」の意味になる。

参考

The game may be postponed because of the bad weather.

（その試合は悪天候のため延期になるかもしれない）

⑦ **However, it does not mean that their varieties are inferior.**

●it は前の文全体、現地の言語に影響されて、英語がアメリカ英語やイギリス英語のようには聞こえないかもしれないということをさす。

⑧ **They are an important part of the speakers' identities.**

●They は前文の varieties をさす。

Section 3
教科書p.110

 **読解のポイント**

1. グループ3にはどんな国が含まれますか。
2. ノンネイティブスピーカーの英語の変種は、何を反映していますか。

① The third group covers the varieties of English spoken in some countries in Europe, Africa, South America, and Asia. ② In these countries, including Japan, people usually learn and use English as a foreign language.

③ Although people in these countries rarely speak English in their daily lives, they use the language when it is necessary. ④ Imagine your school welcomes an exchange student from Argentina, and you want to make friends with her. ⑤ Neither of you speaks each other's mother tongue. ⑥ Having learned English for several years, both of you can use English to communicate. ⑦ In this way, English becomes a common language.

⑧ English spoken by these non-native speakers varies a lot. ⑨ The varieties reflect the speakers' valuable linguistic and cultural backgrounds.

Ａ Ｂ Ｃ 単語・語句の研究

☐ **rarely** [réərli]	副 めったに～ない ▶つづりに注意 参考 rare（珍しい）、rareness（珍しいこと）	
☐ **neither** [níːðər]	代名 (neither of +（代）名詞の複数形で) どちらの～も…ない	
☐ neither of ～	どちらの～も…ない 例 Neither of my parents likes bananas. （私の両親のどちらもバナナが好きではない）	
☐ common language	共通語 例 Music is our common language. （音楽は私たちの共通語だ）	
☐ non-native [nànnéitiv]	形 ノンネイティブの、その言語を母語としない	
☐ **varies** [véəriz] ＜ vary	動 異なる、さまざまである ▶発音に注意 参考 varying（さまざまな）、variation（変化、変動）	
☐ linguistic [liŋgwístik]	形 言語の 参考 linguistics（言語学）、linguistically（言語学的に言って）	

解説

① **The third group covers the varieties of English spoken in some countries in Europe, Africa, South America, and Asia.**
- spoken は形容詞的用法の過去分詞。varieties of English「英語の変種」を spoken 以降が修飾している。

② **In these countries, including Japan, people usually learn and use English as a foreign language.**
- these countries は前文の some countries ～ Asia をさす。
- 文の主語は people。learn と use という 2 つの動詞が等位で結ばれており、English as a foreign language という目的語を共有している。

③ **Although people in these countries rarely speak English in their daily lives, they use the language when it is necessary.**
- 〈Although + S + V〉で「S は V だが」という譲歩を表す。

  参考
  Although I was so sleepy, I got up at five to catch the first train.
  （とても眠かったが、私は始発電車に乗るために 5 時に起きた）
- in *one's* daily life は「～の日常生活で」の意味。ここでは their「彼らの」なので、life が複数形 lives になっている。
- 文の最後のほうの it = the language = English。

④ **Imagine your school welcomes an exchange student from Argentina, and you want to make friends with her.**
- 〈Imagine +（that +）S + V〉で「S が V することを想像してごらん」という命令文になる。
- make friends with ～は「～と友だちになる」の意味。
- her は an exchange student from Argentina をさす。

⑤ **Neither of you speaks each other's mother tongue.**
- 〈neither of +（代）名詞の複数形〉で「どちらの～も…ない」という意味になる。単数扱いなので、あとの動詞に 3 単現の s がついていることに注意。
- ここの you は前文の you（あなた＝読者）と an exchange student from Argentina の双方を含めた「あなたたち」をさす。

⑥ **Having learned English for several years, both of you can use English to communicate.**

- Having learned English for several years, は分詞構文。文の後半部分よりも前の時点のことを分詞構文で表すときは、〈having + 過去分詞〉の形を使う。
- **確認** （　　）内に適切な語を入れなさい。
  - ア．サッカーを２時間したので、私たちはおなかがすいている。
    - （　　）（　　　）soccer for two hours, we are hungry.
  - イ．遅く起きたので、私はそのバスに乗れなかった。
    - （　　）（　　　）up late, I couldn't catch the bus.

⑦ **In this way, English becomes a common language.**

- in this way は「このようにして」の意味。

⑧ **English spoken by these non-native speakers varies a lot.**

- spoken は形容詞的用法の過去分詞。spoken 〜 speakers が English を修飾している。文の主語が English で単数なので、動詞が varies と３単現の形になっている。

⑨ **The varieties reflect the speakers' valuable linguistic and cultural backgrounds.**

- The varieties は前文で述べているノンネイティブスピーカーが話す英語の変種のこと。

Section 4

教科書 p.112

 読解のポイント

1. 英語のネイティブスピーカーとノンネイティブスピーカーではどちらが多いですか。
2. 国際共通語として英語を使うとき、人々は何に焦点を当てるでしょうか。

① Today, English spoken by the majority of the speakers belongs to the second and third groups. ② In other words, there are more non-native speakers of English than native speakers in the world. ③ Under the circumstances, English serves as a common language, or a lingua franca, on many occasions.

When people use English as a lingua franca, they try to do their best to understand each other. They focus on communicating their messages, rather than speaking like native speakers. ④ They also respect the varieties of English and the cultural backgrounds of others.

⑤ As we have seen, there are many varieties of English. ⑥ Each of them is equally important. ⑦ With this concept kept in mind, be confident when you speak English. Let's communicate actively with people around the world.

ⒶⒷⒸ 単語・語句の研究

☐ **majority** [mədʒɔ́ːrəti] 图 大部分、過半数
　　参考 major（多数の、主要な）

☐ the majority of ～　　～の大部分
　　例 The majority of the class bring their lunch from home.
　　（クラスの大部分は家から昼食を持ってくる）

☐ **circumstance(s)** 图 状況
　　[sə́ːrkəmstæns(iz)]

☐ under the circumstances　　その状況下で
　　例 There's nothing I can do under the circumstances.
　　（その状況下で私にできることは何もない）

☐ serve as ～　　～として機能する
　　例 The sofa serves as a bed, too.
　　（そのソファはベッドとしても機能する）

□ or	すなわち
	例 My favorite flower is sakura, or a cherry blossom. (私の好きな花は桜、つまりチェリーブロッサムだ)
□ lingua franca [liŋgwəfrǽŋkə]	名 リンガ・フランカ((共通語))
□ **occasion(s)** [əkéiʒən(z)]	名 場面、機会 参考 occasional (ときどきの)、occasionally (ときどき)
□ on many occasions	多くの場面で 例 Flowers play an important role in many occasions. (花は多くの場面で重要な役割を果たす)
□ rather than ～	～よりむしろ 例 She wants to stay home rather than go out. (彼女は外出するよりむしろ家にいたいと思っている)
□ **equally** [íːkwəli]	副 同様に、平等に 参考 equal (等しい、平等な)、equality (平等)
□ **concept** [kánsept]	名 考え、概念
□ **confident** [kánfədənt]	形 自信がある 参考 confidently (自信をもって)
□ **actively** [ǽktivli]	副 積極的に、活発に 参考 active (積極的な、活発な)、activity (活発さ、活動)

解説

① **Today, English spoken by the majority of the speakers belongs to the second and third groups.**
- English ～ speakers までが文の主語。spoken は形容詞的用法の過去分詞で、spoken ～ speakers が English を修飾している。

② **In other words, there are more non-native speakers of English than native speakers in the world.**
- there are more ～ than ... で「…よりも多くの～がいる[ある]」という意味。

③ **Under the circumstances, English serves as a common language, or a lingua franca, on many occasions.**
- or「すなわち」は a common language を a lingua franca と言いかえるのに使われている。

④ **They also respect the varieties of English and the cultural backgrounds of others.**
- 文の動詞は respect。目的語は the varieties of English と the cultural backgrounds of others が並列している。

⑤ **As we have seen, there are many varieties of English.**
- we はこの文章の著者と読者を含めた「私たち」のこと。
- As we have seen は Section 1～4 までの内容を見てきて、ということ。

⑥ **Each of them is equally important.**
- them は前文の many varieties of English をさす。

⑦ **With this concept kept in mind, be confident when you speak English.**
- with は付帯状況を表し、〈with ＋名詞＋過去分詞〉で「もの［こと］が～された状態で」の意味を表す。With this concept kept in mind は「この考えが心に置かれた状態で」つまり「この考えを心に置いて」という意味になる。なお、〈with ＋名詞＋現在分詞〉だと「もの［こと］が～している状態で」の意味になる。
- ✐**確認** （　　　）内に適切な語を入れなさい。
  - ア．目を閉じて、彼はその歌を聴いた。
    - （　　　） his eyes （　　　）, he listened to the song.
  - イ．皆が私を見ていたので、私はとても緊張していた。
    - （　　　） everyone （　　　） at me, I was very nervous.
- be confident は命令文。

文型と文法の解説

1 分詞構文

◉「…、そして～する」＝ [S + V, ～ing]

A linguist created this term, **dividing** the varieties into three groups.
「そして、これらの変種を3つのグループに分けた」

(ある言語学者がこの用語を作り、そして、これらの変種を3つのグループに分けた)

　分詞構文とは、分詞（動詞の～ing形または過去分詞）が副詞のように、主節の文 (S + V) の情報を補足すること。

　分詞構文 (～ing) は「…、そして～する〈動作の連続〉」、「～しながら〈付帯状況〉」、「～しているとき〈時〉」、「～なので〈原因・理由」〉」などさまざまな意味を表し、文脈によって使いわける。

　分詞構文の分詞の主語にあたるものは、基本的に文の主語と同じ。分詞構文は文の前半・後半どちらにでも置くことができる。また、否定の意味を表すときにはnotを前に置いてnot ～ingの形で表す。

例 **Singing** a song, she bowed to us.〈付帯状況〉

　　(彼女は歌を歌いながら、私たちにおじぎをした)

　　Singing a song, she looked happy.〈時〉

　　(彼女は歌を歌っているとき、幸せそうだった)

　　Singing a song, she didn't notice me come in.〈原因・理由〉

　　(彼女は歌を歌っていたので、私が入ってきたのに気づかなかった)

　　Not knowing the song, she asked me to sing it again.〈not ～ingの形〉

　　(彼女はその歌を知らなかったので、私にもう一度歌うように頼んだ)

2 受け身の分詞構文

◉「～されて、…」＝ [過去分詞, S + V]

Influenced by their local languages, their varieties of English
「彼らの地域言語に影響されて」　　　　　　　　　　　　　　　(S)

may not sound ....
　　　(V)

(彼らの地域言語に影響されて、彼らの英語の変種は…に聞こえないかもしれない)

過去分詞を使った分詞構文は、「〜されて、〜されながら〈付帯状況〉」、「〜されるとき〈時〉」、「〜されて〈動作の連続〉」、「〜 (される) ので〈原因・理由〉」などの意味を表す。

例 **Supported** by my friends, I managed to cross the finish line.
（友だちに支えられて、私はなんとかゴールした）

Seen from the sky, people look like dots.
（空から見ると、人々が点のように見える）

3 完了形の分詞構文

◉ 「(以前に) 〜したので、…」 = [having ＋過去分詞, S ＋ V]

Having learned English for several years, both of you can use English.
「数年英語を学んできたので」　　　　　　　　　　　　　(S)　　(V)

（数年英語を学んできたので、あなたたちは2人とも英語を使える）

文の中心となる動詞が示す時よりも前のことを分詞構文で表す場合は、〈having ＋過去分詞〉を使う。

例 **Having seen** the movie before, she wanted to tell me the ending.
（その映画を以前に見たことがあったので、彼女は結末を私に言いたかった）

4 付帯状況with

◉ 「もの [こと] が〜された状態で、…」 = [with ＋名詞＋過去分詞, ...]

With this concept **kept** in mind, be confident when you speak English.
「この考えが心に置かれた状態で」 → 「この考えを心に置いて」

（この考えを心に置いて、英語を話すときは自信を持ちなさい）

文の中心となる動詞と同時に起こっている動作や状態を表すとき、〈with ＋ (代) 名詞＋分詞〉の形を使う。このwithを付帯状況のwithと言う。意味は、「…をしながら [されながら]」となる。分詞の他に、形容詞や副詞なども同じ形で用いることができる。また、with 〜は文の後半に置くこともできる。

例 **With** her eyes **shining**, she came to me.
（彼女は目を輝かせて、こちらへやってきた）

She was talking there **with** her legs **crossed**.
（彼女は脚を組んでそこで話していた）

With her glass **empty**, she was asking for another drink.
（彼女はグラスを空にして、飲み物のおかわりを頼んでいた）

確認問題

1 下線部の発音が同じものには○、違うものには×を (　　　) に書き入れなさい。

(1) sp<u>e</u>lling — <u>e</u>qually　(　　　　)

(2) t<u>er</u>m — w<u>or</u>d　(　　　　)

(3) n<u>ei</u>ther — <u>e</u>qually　(　　　　)

(4) n<u>a</u>tive — v<u>a</u>ry　(　　　　)

(5) occa<u>si</u>on — re<u>gi</u>on　(　　　　)

2 ［　　　　］ から最も適切な語を選び、必要があれば形を変えて、(　　　) に書き入れなさい。

(1) Rules are different (　　　　) on schools.

(2) "Tomodachi" (　　　　) to a friend in English.

(3) The school (　　　　) as a temporary evacuation site when it is needed.

(4) I don't think our team is (　　　　).　Let's win.

(5) Be (　　　　) when you make a speech.

> confident　　depend　　serve　　inferior　　refer

3 日本語に合うように、(　　　) 内に適切な語を入れなさい。

(1) 公園を歩いているとき、私は偶然トムに会った。

(　　　　) in the park, I happened to meet Tom.

(2) 鍵を持っていなかったので、私はドアを開けることができなかった。

(　　　) (　　　　) the key, I couldn't open the door.

(3) 以前その小説を読んだことがあったので、私は物語をすべて知っていた。

(　　　) (　　　　) the novel before, I knew the whole story.

(4) 彼女は眼を閉じてソファーに座っていた。

She was sitting on the sofa (　　　　) her eyes (　　　　).

(5) その場所を訪れたことがなかったので、彼は道に迷った。

Not (　　　　) (　　　　) the place, he lost his way.

4 日本語に合うように、(　　) 内に適切な語を入れなさい。

(1) 私の母語は日本語だ。

My (　　　) (　　　) is Japanese.

(2) その国ではフランス語が共通語だ。

French is a (　　　) (　　　) in the country.

(3) ブラウン先生は英語のネイティブスピーカーだ。

Mr. Brown is a (　　　) (　　　) of English.

(4) あなたの名前のつづりを教えてもらえますか。

Can you tell me the (　　　) of your name?

(5) 私はほとんどテレビを見ない。

I (　　　) watch TV.

5 次の英語を日本語に訳しなさい。

(1) Covered with snow, the garden looked more beautiful.

_____

(2) Not knowing what to say, I kept silent.

_____

(3) She left the room with tears in her eyes.

_____

6 日本語に合うように、[　　] 内の語句を並べかえなさい。

(1) テレビでドラマを見ながら、彼女は宿題をしていた。

[her homework, / watching / she / doing / a drama / was] on TV.

_____ on TV.

(2) スペイン語で書かれているので、メッセージを理解するのが難しかった。

[was / Spanish, / the message / in / written / difficult] to understand.

_____ to understand.

(3) 彼は腕を組んで、私の話を聞いた。

He listened [his arms / to / with / folded / me].

He listened _____.

7 次の英文を読み、設問に答えなさい。

　　Today, ①English spoken by the majority of the speakers belongs to the second and third groups. In other words, there are more non-native speakers of English than native speakers in the world. ②Under the circumstances, English serves as a common language, or a lingua franca, ③(　　　) many (　　　).

　　When people use English as a lingua franca, they try to do their best to understand each other. They focus on communicating their messages, rather than speaking like native speakers. They also respect the varieties of English and the cultural backgrounds of others.

　　As we have seen, there are many varieties of English. Each of them is equally important. ④[in / with / kept / this concept / mind], be confident when you speak English. Let's communicate actively with people around the world.

(1)　下線部①を日本語に訳しなさい。

_____

(2)　下線部②がさすのはどのような状況か、日本語で簡潔に説明しなさい。

_____

(3)　下線部③が「多くの場面で」という意味になるように、(　　)にそれぞれ適する語を入れなさい。

_____　many _____

(4)　下線部④が「この考えを心に置いて」という意味になるように、[　　]内の語句を並べかえなさい。

_____

(5)　本文の内容に合うように、次の質問に英語で答えなさい。

　　What do people respect when they use English as a lingua franca?

_____

Deepika Kurup — The Science Behind Clean Water

　地球のおよそ７割が水で覆われていますが、その97.5%は海、つまり塩水です。さらに残り2.5%の淡水のうち約７割が氷河や氷山といった氷の状態で、残り３割のほとんどが土中の水分あるいは地下水です。実際に利用できる水は、地球上のすべての水のわずか0.01%にすぎません。

　そしてこうした利用できる水資源の量は地球全体で見れば人間の需要を満たす分だけ存在していますが、問題なのは、存在が地域によって偏っていることです。世界の子どもの５人に１人が、生活に必要な水を十分に得られていないといわれており、清潔な水が得られないことが原因で多くの子どもたちが亡くなっています。

　ディーピカ・クルップさんはインド系アメリカ人で、インドに住む親戚を訪ねた際、きれいな水を手に入れることのできない子どもたちを見て衝撃を受け、世界規模の水の問題を解決したいと考えました。中学２年生からさまざまな論文を読み、家庭で実験を重ねて水の研究を進め、2012年にはCatalyst for World Water（世界の水のための触媒）という事業を起こしました。クルップさんの研究は数多くの賞を受賞しています。

　クルップさんは、水の問題を解決するためには、世界の人々の協力が必要だと考えています。クルップさんがきれいな水を得るための仕組みとしてどのようなものを研究しているのか、そして世界でどのような協力が必要だと考えているのかを読み、世界の水や貧困の問題について自分に何ができるだろうかといったことも考えながら読んでみましょう。

Section 1

教科書p.122

 読解のポイント

1. クルップさんはインドで何を見て衝撃を受けましたか。
2. クルップさんは何をすることを決心しましたか。

Interviewer : ① Why do you focus on water issues?

Kurup : ② When I was young, I often traveled to India to visit my relatives. ③ There, I had to drink boiled or bottled water to avoid getting diarrhea and other diseases. ④ One day, I was shocked to see children drinking water from puddles on the road. ⑤ These children didn't have access to clean water.

I : ⑥ What did you think about the situation?

K : ⑦ I thought, "This situation is a social injustice. Only poor people don't have access to clean water. ⑧ If the international community did something, the situation could be improved." ⑨ So I decided to work on the problem of clean water access.

A B C 単語・語句の研究

☐ Deepika Kurup　　ディーピカ・クルップ
[díːpikə kurúp]

☐ **relative(s)** [rélətiv(z)]　图 親戚、親族
　　　　　　　　　　参考 relation（関係）、relationship（（親戚）関係）

☐ **bottled** [bάtld]　　图 びん入りの
　　　　　　　　　　参考 bottle（びん、びんに詰める）

☐ **diarrhea** [dàiəríːə]　图 下痢　▶発音に注意
　　　　　　　　　　参考 diarrheal（下痢の）

☐ be shocked to ～　　～して衝撃を受ける
　　　　　　　　　　例 I was shocked to hear about the accident.
　　　　　　　　　　（私はその事故について聞いて衝撃を受けた）

☐ **puddle(s)** [pΛdl(z)]　图 水たまり

☐ injustice [indʒΛstis]　图 不当、不公平
　　　　　　　　　　参考 justice（正義、公正）

☐ social injustice　　社会的に不当［不公平］なこと

☐ work on ～　　　　　　～に取り組む
　　　　　　　　　　　　 例 I'm working on the project with my classmates.
　　　　　　　　　　　　（私はクラスメートと一緒にそのプロジェクトに取
　　　　　　　　　　　　 り組んでいる）

 解説

① **Why do you focus on water issues?**
- focus on ～は「～に集中する、～に重点を置く」の意味。
- 参考 Stop watching TV and focus on your homework.
　　　（テレビを見るのをやめて宿題に集中しなさい）

② **When I was young, I often traveled to India to visit my relatives.**
- travel to ～は「～に旅行する」の意味。
- to visit ～は不定詞の副詞的用法で、traveled to India の目的を表す。

③ **There, I had to drink boiled or bottled water to avoid getting diarrhea and other diseases.**
- boiled or bottled water は、boiled water「沸騰させ (て冷まし) た水」また は bottled water「びん入りの水 (ペットボトルの水など)」ということ。
- avoid ～ing で「～するのを避ける、～しないようにする」の意味。

④ **One day, I was shocked to see children drinking water from puddles on the road.**
- 〈be shocked to ＋動詞の原形〉は「～して衝撃を受ける」の意味。
- 〈see ＋ O ＋ ～ing〉は「Oが～しているのを見る」の意味。
- 参考 I saw you talking with Mika at the station.
　　　（私は駅であなたがミカと話しているのを見た）

⑤ **These children didn't have access to clean water.**
- have access to ～は「～を利用できる」の意味。
- 参考 All students have access to the Internet at the school.
　　　（その学校ではすべての生徒がインターネットを利用できる）

⑥ **What did you think about the situation?**
- the situation とは④～⑤でクルップさんが話している状況をさす。

⑦ **I thought, "This situation is a social injustice.**
- This situation は④～⑤でクルップさんが話している状況をさす。
- social injustice は「社会的に不当［不公平］なこと」の意味。

⑧ **If the international community did something, the situation could be improved.**
- 現在の事実に反することや実現する可能性が低いことについて「もし（今）～ならば、…できるだろうに」と言うとき、〈If＋S'＋動詞の過去形, S＋could＋V〉の形を使う。この形は仮定法過去と呼ばれる。助動詞はcould のほかにwould「～するだろうに」やmight「～かもしれないのに」も使うことができる。if節では、be動詞の形は主語が何であってもwereを使うことが多い。
- 確認 （　　）内に適切な語を入れなさい。
  - ア．私が君の家の近くに住んでいたら、君と学校に行けるのに。
    If I lived near your house, I (　　　) (　　　) to school with you.
  - イ．彼女がここにいてくれたら、私は幸せだろうに。
    (　　　) she (　　　) here, I would be happy.

⑨ **So I decided to work on the problem of clean water access.**
- 〈decide to＋動詞の原形〉で「～しようと決心する」の意味になる。

Section 2

教科書p.124

 読解のポイント

1. きれいな水の問題に取り組むため、クルップさんは最初に何をしましたか。
2. SODISのよい点と悪い点は何ですか。

I : ① What did you do first to work on the problem?

K : ② I read a lot of books. ③ I also talked with many people, including scientists. ④ I realized that science could solve the problem.

I : ⑤ What scientific solution did you find?

K : ⑥ I learned about SODIS, which is a method to purify water. ⑦ In this method, people fill plastic bottles with dirty water and leave them in the sun for six to eight hours. The sunlight kills the harmful germs in the water. ⑧ Although SODIS is simple and ecological, it's too slow. ⑨ So I decided to do experiments to speed up the process. ⑩ If I had had a laboratory then, I could have done complex experiments. ⑪ Since I didn't have one, I did my experiments in the kitchen and garage.

Ⓐ Ⓑ Ⓒ 単語・語句の研究

☐ **solve** [sálv]	動 解決する 参考 solution（解決策）
☐ **scientific** [sàiəntífik]	形 科学的な、科学の　▶つづりに注意 参考 science（科学）、scientist（科学者）、scientifically（科学的に）
☐ SODIS [sóudəs]	（= solar water disinfection）太陽光水殺菌
☐ purify [pjúərifài]	動 浄化する、精製する
☐ fill ~ with ...	～を…で満たす 例 I filled my bag with books. （私は自分のかばんを本で満たした）
☐ in the sun	日なたに 例 We sat in the sun and relaxed. （私たちは日なたに座ってくつろいだ）
☐ **harmful** [háːrmfl]	形 有害な 参考 harm（害、傷つける）、harmless（無害な）
☐ **germ(s)** [dʒə́ːrm(z)]	名 細菌、病原菌　▶発音に注意

☐ **ecological**	形 環境保護の、環境にやさしい　▶発音に注意
[iːkəládʒikl]	参考 ecology（エコロジー、環境保護運動）
☐ **experiment(s)**	名 実験
[ikspérimənt(s)]	参考 experimental（実験の）
☐ speed up ～	～の速度を上げる
	例 He speeded up the car.
	（彼は車の速度を上げた）
☐ **laboratory**	名 実験室
[lǽbərətɔ̀ːri]	

 解説

① **What did you do first to work on the problem?**
- work on ～ は「～に取り組む」の意味。
- the problem は、Section 1 で語られたきれいな水の利用に関する問題のこと。

② **I read a lot of books.**
- 前後が過去の文で過去のことについて話しているので、ここの read も過去形であることに注意。

③ **I also talked with many people, including scientists.**
- including ～ は「～を含めて」の意味で、many people を修飾している。

④ **I realized that science could solve the problem.**
- ⟨realize that + S + V⟩で「SがVすることに気づく［SがVすることを理解する］」の意味になる。

⑤ **What scientific solution did you find?**
- ここの What は「どのような」という意味の疑問形容詞。What scientific solution で「どのような科学的解決策」という意味になる。

⑥ **I learned about SODIS, which is a method to purify water.**
- , which は非制限用法の関係代名詞で、SODIS がどのようなものか、説明を付け加えている。

⑦ **In this method, people fill plastic bottles with dirty water and leave them in the sun for six to eight hours.**

- this method は前文の SODIS をさす。
- them は文前半の plastic bottles をさす。

⑧ **Although SODIS is simple and ecological, it's too slow.**

- 〈Although + S + V〉は「S は V だけれども」という譲歩を表す。

⑨ **So I decided to do experiments to speed up the process.**

- to speed up ～は不定詞の副詞的用法で do experiments の目的を表す。

⑩ **If I had had a laboratory then, I could have done complex experiments.**

- 〈If + S' + had + 過去分詞, S + could + have + 過去分詞〉は仮定法過去完了で「もし（過去に）～だったならば、…できただろうに」という過去の事実に反する仮定を表す。仮定法過去と同じく、助動詞は could のほかに would や might も使われる。

- 📝 **確認** （　　）内に適切な語を入れなさい。

  ア．彼がそのときそこにいれば、彼に助けを求めることができたのに。
  　If he (　　　) (　　　) there then, I could had asked him for help.
  イ．そのとき暇だったら、買い物に行ったのに。
  　If I had been free then, I (　　　) (　　　) (　　　) shopping.

⑪ **Since I didn't have one, I did my experiments in the kitchen and garage.**

- ここの since は「～なので」という意味を表す接続詞。
- one は前文の laboratory をさす。

Section 3

教科書 p.126

 **読解のポイント**

1. クルップさんが見つけた光触媒は何と何を組み合わせたものでしたか。
2. この光触媒はどのような容器で使うことができますか。

I : Did your experiments go well?

K : ① They were not always successful. ② I was looking for a photocatalyst to put in plastic water bottles. ③ A photocatalyst was the key to speeding up the purification process. ④ It wasn't easy to find a new material for it. ⑤ But I finally found one.

I : What's the material?

K : ⑥ It's a mixture of cement and a kind of metal. ⑦ It's effective for speeding up the process. ⑧ In addition, the material is so flexible that it can be formed into different shapes and sizes. ⑨ Without this flexibility, it wouldn't fit in many different containers.

I : ⑩ In what kinds of containers can it be used?

K : ⑪ It can be used in not only small, personal bottles, but also large water tanks.

🔠 単語・語句の研究

☐ not always 〜	いつも〜とは限らない 例 Rules are not always right. （規則がいつも正しいとは限らない）
☐ photocatalyst [fòutoukætəlist]	图 光触媒（（光を受けて化学反応を促進する物質のこと））
☐ purification [pjùərifikéiʃn]	图 浄化 参考 purify（浄化する）、pure（純粋な、汚れていない）
☐ cement [səmént]	图 セメント
☐ **effective** [iféktiv]	形 効果的な 参考 effectively（効果的に）、effect（効果）

☐ so ～ that ...	とても～なので…
	例 The bag is so big that you can put everything in it. (そのかばんはとても大きいので、中に何でも入れることができる)
☐ **flexible** [fléksəbl]	形 融通がきく、柔軟な
	参考 flexibly (柔軟に)
☐ **flexibility** [flèksəbíləti]	名 融通性、柔軟性
☐ **container(s)** [kəntéinər(z)]	名 容器
	参考 contain ((容器などが～を) 入れられる、含む)
☐ **tank(s)** [tǽŋk(s)]	名 タンク

 解説

① **They were not always successful.**
- They は前文の experiments をさす。
- not always ～は「いつも～とは限らない」という部分否定の言い方。

② **I was looking for a photocatalyst to put in plastic water bottles.**
- to put in plastic water bottles は「～する (ための)」という意味で直前の a photocatalyst を修飾する不定詞の形容詞的用法。

③ **A photocatalyst was the key to speeding up the purification process.**
- 〈the key to + (動) 名詞〉で「～するための鍵」という意味になる。ここの to は不定詞ではなく前置詞なので、あとに動詞の原形ではなく動名詞がきていることに注意。

④ **It wasn't easy to find a new material for it.**
- 文頭の It は形式主語で、to find a new material for it が真の主語。
- 文の最後の it は前文の photocatalyst をさしている。

⑤ **But I finally found one.**
- one は前文の a new material をさしている。

⑥ **It's a mixture of cement and a kind of metal.**
- It は 2 文前の one、つまり a new material をさしている。
- a mixture of ～ and ... で「～と…の混合物」の意味。「～」が cement、... が a kind of metal。

⑦ **It's effective for speeding up the process.**
- It は前文の a mixture of cement and a kind of metal をさす。
- effective for ～ ing で「～するのに役立つ」という意味になる。

⑧ **In addition, the material is so flexible that it can be formed into different shapes and sizes.**
- in addition は「加えて、さらに」の意味。
- so ～ that ... は「とても～なので…」の意味になる。
- be formed into ～で「～に成形される」の意味になる。

⑨ **Without this flexibility, it wouldn't fit in many different containers.**
- 〈Without ～ , S + would + V〉で「もし～がなければ、…だろうに」という仮定の意味を表す。without の代わりに but for を使ってもほぼ同じ表現になる。
- 確認 （　　　）内に適切な語を入れなさい。
  - ア．もし空気がなければ、私たちは生きることができないだろうに。
    - （　　　） air, we （　　　） not live.
  - イ．あなたの助けがなければ、私はパーティーの準備を終えられないだろうに。
    - （　　　）（　　　） your help, I couldn't finish the preparation for the party.

⑩ **In what kinds of containers can it be used?**
- it は⑥の a mixture of cement and a kind of metal をさす。

⑪ **It can be used in not only small, personal bottles, but also large water tanks.**
- not only A but also B は「A だけでなく B も」の意味になる。

Section 4

教科書p.128

 読解のポイント

1. クルップさんの実験は、どういう点で成功しましたか。
2. 水問題を解決するためには、誰の協力が必要だとクルップ さんは考えますか。

I : ① How has your research been going since then?

K : ② I've made improvements to the photocatalyst so that water can be purified in 15 minutes. ③ However, no matter how well my research goes, it's just a part of the solution to the world's water problem.

I : ④ What else is needed to solve the problem?

K : ⑤ Scientists in the world will have to work together. ⑥ They also need to cooperate with governments and other organizations. ⑦ Alone, a single drop of water can't do much. ⑧ But when many drops come together, they can sustain life on our planet. ⑨ Just as water drops come together to form oceans, I believe that we all must come together when we tackle this global problem.

🄰🄱🄲 単語・語句の研究

☐ **improvement(s)** [imprúːvmənt(s)]	图 改良、改善 参考 improve（改良する、改善する）
☐ so that ~ can ...	~が…できるように 例 Can you tell me your phone number so that I can call you? （あなたに電話できるよう、電話番号を教えてもらえますか）
☐ alone	副 単独では 例 Don't go out alone at night. （夜、単独では外出しないで）
☐ **global** [glóubl]	形 世界的な、地球の 参考 globally（世界的に）、globe（地球）

解説

① **How has your research been going since then?**
- How have[has] 〜 been going?は「〜はどのように進んでいますか、〜の調子はどうですか」とたずねる言い方。

② **I've made improvements to the photocatalyst so that water can be purified in 15 minutes.**
- in 15 minutesは「15分後に」の意味。

③ **However, no matter how well my research goes, it's just a part of the solution to the world's water problem.**
- 〈no matter how 〜 + S' + V'〉は「たとえどんなに〜しても」という意味を表す。no matterのあとにwhoやwhen、whereなども使うことができる。
- 確認　(　　)内に適切な語を入れなさい。
  ア．どんなに疲れていても、彼女は犬の散歩をする。
  　　(　　　) (　　　) (　　　) tired she is, she walks her dog.
  イ．あなたがどこにいても、ぼくはそばにいるよ。
  　　(　　　) (　　　) (　　　) you are, I will be with you.
  ウ．彼女が何を言っても、私は驚かない。
  　　(　　　) (　　　) (　　　) she says, I won't be surprised.
- itはmy researchをさす。
- (just) a part of 〜は「〜の一部分(にすぎない)」の意味。
- solution to 〜は「〜の解決策、解決方法」の意味。

④ **What else is needed to solve the problem?**
- what elseは「ほかに何が」の意味。
- to solve 〜は「〜するために」という目的を表す不定詞句。

⑤ **Scientists in the world will have to work together.**
- Scientists in the worldまでが文の主語。

⑥ **They also need to cooperate with governments and other organizations.**
- Theyは前文のScientists in the worldをさす。

⑦ **Alone, a single drop of water can't do much.**

- do much は「大きな働きをする、大いに役立つ」の意味。

⑧ **But when many drops come together, they can sustain life on our planet.**

- come together は「集まる」の意味。
- they は many drops をさす。

⑨ **Just as water drops come together to form oceans, I believe that we all must come together when we tackle this global problem.**

- to form oceans は結果を表す不定詞句。come together「集まる」結果として to form oceans「海を形成する」ということ。
- 参考 I came home to find my mother was out.
  （私は帰宅して、母が外出していることに気づいた）

文型と文法の解説

1 仮定法過去

● 「もし (今) 〜ならば、…できるだろうに」 = [If + S' + 動詞の過去形, S + could + V]

If the international community **did** something, the situation
「もし国際社会が何か行動するならば」
could be improved.

(もし国際社会が何か行動するならば、状況は改善できるだろうに)

現在の事実に反することや実現の可能性が低いことを仮定して表すときには、〈If + S' + 動詞の過去形, S + could + V〉の形を使う。これを仮定法過去といい、「もし (今) 〜ならば、…できるだろうに」という意味を表す。助動詞はcould のほかにwould「〜だろうに」やmight「〜かもしれないのに」も使うことができる。なお、if節がbe動詞の文のときは、主語が何であってもwereを使うことが多い。

例 If I **were** not busy, I **could help** you.
(私が忙しくなければ、あなたを手伝えるのに)
If I **had** enough money with me, I **would buy** the shoes.
(もし私が十分なお金を持っていたら、その靴を買うだろうに)
If he **were** busy today, he **might** not **come**.
(もし彼が今日忙しかったら、来ないかもしれない)

2 仮定法過去完了

● 「もし (過去に) 〜だったならば、…できただろうに」 = [If + S' + had + 過去分詞, S + could + have + 過去分詞]

If I **had had** a laboratory then, I **could have done** complex experiments.
「もし私がそのとき研究室をもっていたならば」
(もし私がそのとき研究室をもっていたならば、私は複雑な実験ができただろうに)

過去の事実に反することを表すときには〈If + S' + had + 過去分詞, S + could + have + 過去分詞 ...〉の形を用いる。これを仮定法過去完了といい、「もし (過去に) 〜だったならば、…できただろうに」という意味を表す。仮定法過去と同じく、助動詞はcould のほかにwould や might も使われる。

例 If I **had gotten** up earlier, I **might have jogged** before breakfast.
(私がもっと早く起きていたならば、朝食前にジョギングをしたかもしれない)

If I **had been** you, I **would have taken** a bus.
（私があなただったら、バスに乗っただろうに）

3 ifを使わない仮定法

◉ 「もし～がなければ、…だろうに」＝〔Without ～, S ＋ would ＋ V〕

Without this flexibility, it **would** not **fit** in many different containers.
「もしこの柔軟性がなければ」

（もしこの柔軟性がなければ、それは多くの異なった容器に合わないだろうに）

  ifを使わずに「もし～なら」という意味を表す仮定法もある。withoutは〈Without ＋名詞, S ＋ would ＋動詞の原形 ...〉の形で、現在あるものが存在しないと仮定して「もし～がなければ、…だろうに」という意味を表す。助動詞はwouldのほかにcouldやmightも使われる。また、withoutの代わりにbut forも同じ意味で使うことができる。

例 **Without** water, we **would** not **survive**.
  ＝ **But for** water, we **would** not **survive**.
（水がなければ、私たちは生き延びないだろうに）

4 no matter ＋疑問詞

◉ 「たとえどんなに～しても」＝〔no matter how ～＋ S'＋ V'〕

No matter how well my research goes, it's just a part of the solution.
「たとえどんなに順調であっても」 (S') (V')

（たとえどんなに順調に私の研究が進んでいようとも、それは解決策のほんの一部でしかない）

  〈no matter ＋疑問詞〉で「たとえ～でも」という意味を表す。〈no matter how ＋（形容詞・副詞＋）S'＋ V'〉は「S'がどんなにV'でも」という意味を表す。また、no matterのあとにはhowの代わりにwhatやwhen、where、whoなども使うことができる。

例 **No matter what** you say, I believe him.
（あなたが何と言っても、私は彼を信じる）
No matter when you call me, I will answer it.
（あなたがいつ電話をくれても、私は出るよ）

確認問題

1 下線部の発音が同じものには○、違うものには×を (　　　) に書き入れなさい。

(1) g<u>e</u>rm — g<u>e</u>t 　　　　　　(　　　　)

(2) ec<u>o</u>logical — s<u>o</u>lve 　　(　　　　)

(3) r<u>e</u>lative — eff<u>e</u>ctive 　　(　　　　)

(4) impr<u>o</u>vement — gl<u>o</u>bal 　(　　　　)

(5) inj<u>u</u>stice — p<u>u</u>rify 　　　(　　　　)

2 ［　　　］から最も適切な語を選び、(　　　) に書き入れなさい。

(1) I filled the glass (　　　　) orange juice.

(2) The children are lying (　　　　) the sun.

(3) I was shocked (　　　　) read the news.

(4) This coffee is so hot (　　　) I can't drink it.

(5) Let's work (　　　) the homework.

with	on	that	to	in

3 日本語に合うように、(　　　) 内に適切な語を入れなさい。

(1) もし私があなたなら、すぐに彼女に電話するだろう。

If I (　　　) you, I (　　　) (　　　) her at once.

(2) もし昨日雨が降っていなかったら、私たちはテニスをすることができたのに。

If it (　　　) not (　　　) yesterday, we could (　　　) (　　　) tennis.

(3) もしあなたの助けがなかったら、私は夢をあきらめていただろう。

(　　　) your help, I would (　　　) (　　　) up on my dream.

(4) どんなに疲れていても、彼は毎日勉強する。

(　　　) (　　　) (　　　) tired he is, he studies every day.

4 日本語に合うように、（　）内に適切な語を入れなさい。

(1) 彼らは会話のスピードを上げた。

They (　　) (　　) the conversation.

(2) いつも晴れているとは限らない。

It is (　　) (　　) sunny.

(3) 皆があなたの声が聞こえるように、もっと大きな声で話してくれますか。

Can you speak louder (　　) (　　) everyone can hear you?

(4) その問題を解決するために全力を尽くします。

I'll do my best to (　　) the problem.

(5) その薬は私には効果があった。

The medicine was (　　) for me.

5 次の英語を日本語に訳しなさい。

(1) If I were a fish, I could swim well.

_____

(2) If he had helped me, I could have finished the work.

_____

(3) No matter what people say, I will never give up.

_____

6 日本語に合うように、[　] 内の語句を並べかえなさい。

(1) 彼のメールアドレスを知っていればメッセージを送るのに。

[his / if / I / would / I / send / e-mail address, / knew] him a message.

_____ him a message.

(2) 私がどんなに速く走っても、彼には追いつけないだろう。

[fast / I / matter / I / run, / how / won't / no] be able to catch up with him.

_____ be able to catch up with him.

(3) もしあの電車に乗っていれば、間に合ったのに。

[would / I / had / arrived / that train, / taken / if / have / I] in time.

_____ in time.

7 次の英文を読み、設問に答えなさい。

Interviewer : What did you do first to work ①(　　　) the problem?

Kurup : I read a lot of books. I also talked with many people, including scientists. I realized that science could solve the problem.

I : What scientific solution did you find?

K: I learned about SODIS, which is a method to purify water. In this method, ②people [dirty / plastic / with / fill / water / bottles] and leave them in the sun for six to eight hours. The sunlight kills the harmful germs in the water. Although SODIS is simple and ecological, it's too slow. So I decided to do experiments to ③(　　　) (　　　) the process. ④If I had had a laboratory then, I could have done complex experiments. Since I didn't have ⑤one, I did my experiments in the kitchen and garage.

(1) 空所①に入る最も適切な語を選び、記号で答えなさい。
　　ア. in　イ. of　ウ. about　エ. on　　　　　　　(　　)

(2) 下線部②が「人々はプラスチックのボトルを汚い水で満たす」という意味になるように、[　]内の語を並べかえなさい。
　　people _____

(3) 下線部③が「その過程の速度を上げる」という意味になるように、(　)にそれぞれ適する語を入れなさい。
　　_____ _____ the process

(4) 下線部④を日本語に訳しなさい。
　　_____

(5) 下線部⑤がさしているものを、本文中から1語で抜き出して書きなさい。
　　_____

(6) 本文の内容に合うように、次の質問に英語で答えなさい。
　　What is a bad point of SODIS?
　　_____

The World's Poorest President

　あなたは南米のウルグアイ（正式名称：ウルグアイ東方共和国）について、どんな印象をもっていますか。ウルグアイは、南米のブラジルとアルゼンチンの間に位置する小さな国です。日本の半分ほどの面積に、約349万人（2021年、世界銀行）が暮らしています。サッカーの強豪国であることから、ワールドカップなどでその名前を聞いたり、試合を見たりしたことがあるかもしれません。

　このレッスンは、「世界でいちばん貧しい大統領」と呼ばれたウルグアイのホセ・ムヒカ元大統領についての話です。なぜムヒカさんが「世界でいちばん貧しい大統領」と呼ばれたかというと、彼が大統領時代にぜいたくをせず、質素な生活を貫いたためです。ムヒカさんは2010年から2015年までウルグアイの大統領を務めましたが、大統領公邸ではなく郊外の小さな農場に住み、収入のほとんどを慈善事業に寄付し、数十年間同じ車を使い続けました。

　2012年6月、ブラジルのリオデジャネイロで地球サミット（国連持続可能な開発会議）が行われ、持続可能な発展と世界の貧困撲滅のために何をすべきかが話し合われました。この会議の終盤、そのテーマそのものについて疑問を呈したのがムヒカ大統領（当時）です。人は経済発展のためではなく幸せになるために生まれてくるのだと語ったムヒカさんの、人生そしてスピーチについて読み、環境と地球のために、そして自分と皆の幸せのために、何を考え、何を実現していったらいいのか考えてみましょう。

Section 1

教科書p.138

 読解のポイント

1. 地球サミットで、ムヒカさんは何についてスピーチをしましたか。
2. ムヒカさんは、何が地球に害を与えていると考えましたか。

① In 2012, the Earth Summit was held in Rio de Janeiro. ② The theme of the Summit was environmental problems. ③ José Mujica, the president of Uruguay at that time, made a speech there.

④ The speech was about human happiness rather than environmental problems. ⑤ During his speech, Mujica asked the audience these questions: "⑥ What would happen to the earth if everyone in the world owned a car? ⑦ Can seven or eight billion people enjoy the same lifestyle as that in the rich Western societies? ⑧ Do we have enough resources for that?"

⑨ Today, many people seek economic development, but Mujica thought that this tendency damaged the earth. ⑩ The speech showed his belief that people had to change their lifestyle for the earth and their own happiness.

ABC 単語・語句の研究

☐ Summit [sʌ́mət]	图 サミット、首脳会議
☐ the Earth Summit	地球サミット((正式名称：国連持続可能な開発会議))
☐ **theme** [θíːm]	图 テーマ、主題　▶発音に注意
☐ José Mujica [xosé muxíka]	图 ホセ・ムヒカ（1935〜）
☐ Uruguay [júərəgwèi]	图 ウルグアイ((国名))
☐ make a speech	演説を行う 例 I made a speech at the conference. （私はその会議で演説を行った）
☐ **Western** [wéstərn]	形 西洋の、欧米の 参考 Eastern（東洋の）
☐ **seek** [síːk]	動 求める、探す
☐ **tendency** [téndənsi]	图 傾向、風潮 参考 tend to do 〜（〜する傾向がある）

☐ **belief** [bəlíːf]　　　　　　名 信念、信じていること
　　　　　　　　　　　　　　参考 believe（信じる）

 解説

① **In 2012, the Earth Summit was held in Rio de Janeiro.**
- 受け身の文。〈be 動詞 + held〉で「開催される」の意味になる。ここでは過去の文。

② **The theme of the Summit was environmental problems.**
- the Summit は前文の the Earth Summit をさす。

③ **José Mujica, the president of Uruguay at that time, made a speech there.**
- José Mujica は the president of Uruguay と同格の関係。
- there は①の the Earth Summit をさす。

④ **The speech was about human happiness rather than environmental problems.**
- ～ rather than ... で「…よりも（むしろ）～」の意味。

⑤ **During his speech, Mujica asked the audience these questions:**
- these questions: のコロン (:) に着目。コロンは、詳しい説明や具体例を述べるときに使う。ここでは、コロンのあとに具体的な質問が3つ続いている。

⑥ **What would happen to the earth if everyone in the world owned a car?**
- 仮定法過去の文。〈What would + 動詞の原形 ～ if + S + 動詞の過去形 ...?〉で「もし S が…すれば何が～するだろうか」という文になる。

⑦ **Can seven or eight billion people enjoy the same lifestyle as that in the rich Western societies?**
- seven ～ people までが文の主語。
- the same ～ as ... は「…と同じ～」の意味。

例 I have the same opinion as you.
（私はあなたと同じ意見だ）
- that は lifestyle をさす。

⑧ Do we have enough resources for that?
- that は⑦で述べている状況、つまり70〜80億人の人々が全員豊かな欧米の生活様式を送ることをさす。

⑨ Today, many people seek economic development, but Mujica thought that this tendency damaged the earth.
- this tendency「この傾向」は、but より前の部分で述べられている内容をさす。

⑩ The speech showed his belief that people had to change their lifestyle for the earth and their own happiness.
- his belief と that people had to change their lifestyle for the earth and their own happiness は同格の関係。his belief を、that 以下が具体的に言いかえている。〈名詞 (…) + that + S + V (〜)〉で「〜という…」という意味になる。

  確認 （　　）内に適切な語を入れなさい。
  ア．スミス先生がアメリカに戻るという事実を知っていますか。
  Do you know the (　　　) (　　　) Mr. Smith will go back to the US?
  イ．私は皆がお互いに助け合うべきだという信念を持っている。
  I have the (　　　) (　　　) everyone should help each other.

Section 2

教科書p.140

 **読解のポイント**

1. ムヒカさんは20代の初め頃、何について心配するように なりましたか。
2. 2010年、ムヒカさんに何が起きましたか。

① Mujica was born in a poor area of Montevideo in 1935. ② When he was in his early 20s, the economy in Uruguay went down. ③ He became concerned about the gap between the rich and the poor.

④ Mujica thought that political change was necessary. ⑤ He fought against the military government and got arrested four times. ⑥ It was 13 years that Mujica spent in jail. ⑦ However, he did not give up his hope of changing Uruguay into a better country.

⑧ In 1985, he was finally released. ⑨ He never lost his strong will to change society and became a politician ten years later. ⑩ Then in 2010, he was elected as the 40th president of Uruguay.

🄰🄱🄲 単語・語句の研究

☐ Montevideo [màntəvədéiou]	图 モンテビデオ((ウルグアイの首都))
☐ in *one's* early 20s	20代の初めに
☐ **economy** [i:kánəmi]	图 経済、景気　▶発音に注意 参考 economic (経済の)、economical (経済的な)、economically (経済的に)
☐ go down	悪化する 例 The situation is going down. (状況は悪化しつつある)
☐ **concerned** [kənsə́:rnd]	形 心配する、心配そうな 参考 concern (心配、心配させる)
☐ (be) concerned about ～	～について心配している 例 I'm concerned about the result of the examination. (私は試験の結果について心配している)
☐ **gap** [gǽp]	图 差、へだたり、隙間
☐ the rich	= rich people (豊かな人々)

173

☐ **fight against ～**	～と戦う **例** We must fight against the terrorism. （私たちはテロと戦わなければならない）
☐ **military** [mílətèri]	形 軍の **参考** military（軍隊）
☐ **arrest(ed)** [ərést(id)]	動 逮捕する **参考** arrest（逮捕）
☐ **politician** [pùlətíʃn]	名 政治家 **参考** political（政治の）、politically（政治上）、 politics（政治）
☐ **elect(ed)** [ilékt(id)]	動 選ぶ **参考** election（選挙）

 解説

① **Mujica was born in a poor area of Montevideo in 1935.**

- be born は「生まれる」の意味。

② **When he was in his early 20s, the economy in Uruguay went down.**

- in *one's* early 20s は「20代の初めに」。in *one's* ～s の数字を入れかえることで、「～代（のとき）に」と年代を示すことができる。
  例 Tom came to Japan in his 30s.
  （トムは30代のときに日本に来た）

③ **He became concerned about the gap between the rich and the poor.**

- be concerned about ～で「～について心配している」の意味。ここではbeのかわりにbecome「～になる」の過去形を使い、「～について心配になった」と表現している。
- the gap between A and B は「AとBの差」の意味。

④ **Mujica thought that political change was necessary.**

- thought は think の過去形。〈think that + S + V〉で「SがVだと思う」の意味。

174

⑤ He fought against the military government and got arrested four times.
- get arrested で「逮捕される」の意味になる。

⑥ It was 13 years that Mujica spent in jail.
- It is ～ that ... で「…なのは～だ」と「～」の部分を強調する文になる。これを強調構文という。

参考

Musica spent 13 years in jail.(ムヒカさんは刑務所で13年を過ごした)
→ It was 13 years that Mujica spent in jail.
（ムヒカさんが刑務所で過ごしたのは、13年だった）〈13 years を強調〉

確認　次の英文を、下線部ア、イ、それぞれを強調した文に書きかえなさい。
Nancy got the guitar from his father on her birthday.
　　　　　　　　　　　　　　ア　　　　　　イ

ア．It was _____ .
イ．It was _____ .

⑦ However, he did not give up his hope of changing Uruguay into a better country.
- give up ～は「～をあきらめる」の意味。
- change ～ into ... で「～を…に変える」という意味になる。

⑧ In 1985, he was finally released.
- 〈be動詞＋過去分詞〉の受け身の文。be動詞と過去分詞の間に副詞 finally「ついに」がはさまれている。

⑨ He never lost his strong will to change society and became a politician ten years later.
- ここの will は「意志」という意味の名詞。
- ～ years later は「～年後」。ある時点（ここでは前文にある1985年、つまりムヒカさんが釈放された年）を基準として、そこから～年後という意味。

⑩ Then in 2010, he was elected as the 40th president of Uruguay.
- be elected as ～で「～に選ばれる」という意味になる。

Section 3

教科書p.142

 読解のポイント

1. ムヒカさんは、その生活様式から何と呼ばれていましたか。
2. ムヒカさんは大統領在位中、収入の90％を何に使っていましたか。

① Mujica's speech at the Summit made him known widely to the world.
② He was called "the world's poorest president" because of his way of life.

Mujica actually lived a very humble life. ③ He lived in a small house in the suburbs. ④ He got water from a well. ⑤ He plowed his land, and grew vegetables and flowers there. ⑥ He even donated about 90% of his income to charity. ⑦ His only possession of value was a very old car. ⑧ Never did he need fancy things to be happy.

Mujica said in an interview, "⑨ I can live well with what I have. ⑩ I'm called the poorest president, but I'm not poor. ⑪ Truly poor people are those who only work to keep an expensive lifestyle and endlessly want more and more."

🄰🄱🄲 単語・語句の研究

☐ humble [hámbl]	形 質素な、つつましい
☐ live a ~ life	~な生活を送る 例 The two lived a happy life. （2人は幸せな生活を送った）
☐ **suburb(s)** [sʌ́bə:rb(z)]	名 郊外 ▶つづりに注意 参考 suburban（郊外の）
☐ **plow(ed)** [pláu(d)]	動 （すきで）耕す 参考 plow（すき）
☐ **income** [inkʌ̀m]	名 収入
☐ **possession** [pəzéʃn]	名 所持品、所有物 参考 possess（所有している）
☐ ~ of value	価値がある~ 例 The trip taught me something of value. （その旅行は私に何か価値あるものを教えてくれた）
☐ **fancy** [fǽnsi]	形 高級な、派手な

☐ **truly** [trúːli]	副 本当に	
	参考 true（本当の）、truth（真実）	
☐ **endlessly** [éndləsli]	副 果てしなく	
	参考 endless（果てしない）	

 解説

① **Mujica's speech at the Summit made him known widely to the world.**

- 〈make + O + 過去分詞〉で「Oを～される状態にする」という表現になる。make him knownで「彼を知られる状態にする」つまり「彼が知られるようになる」という意味。

② **He was called "the world's poorest president" because of his way of life.**

- be called ～で「～と呼ばれている」という意味になる。
- 〈because of + 名詞〉は「～のために」の意味。

③ **He lived in a small house in the suburbs.**

- in the suburbsは「郊外の」の意味。

④ **He got water from a well.**

- get ～ from ...で「…から～を得る、手に入れる」の意味。
- ここのwellは「井戸」という意味の名詞。

⑤ **He plowed his land, and grew vegetables and flowers there.**

- この文の主語はHe。動詞＋目的語はplowed his landとgrew vegetables and flowersが並列の状態で続いている。

⑥ **He even donated about 90% of his income to charity.**

- donate ～ to ...で「～を…に寄付する」という意味になる。

⑦ **His only possession of value was a very old car.**

- His only possession of valueが文の主語。

⑧ **Never did he need fancy things to be happy.**
- 否定語を強調するときは、〈否定を表す語(never「まったく〜ない」、little「ほとんど〜ない」など)+疑問文〉の語順にする。
- ✐**確認** (　　)内に適切な語を入れなさい。
  - ア．彼は決してうそをつかない。
    - (　　　)(　　　) he (　　　) a lie.
  - イ．私はほとんどお金を持っていなかった。
    - (　　　)(　　　) I (　　　) money with me.

⑨ **I can live well with what I have.**
- このwhatは先行詞のない関係代名詞。〈what + S + V〉で「SがVするもの」の意味になる。

⑩ **I'm called the poorest president, but I'm not poor.**
- be called 〜で「〜と呼ばれている」の意味。

⑪ **Truly poor people are those who only work to keep an expensive lifestyle and endlessly want more and more.**
- 〈those who + 動詞〉で「〜する人々」の意味になる。ここでは動詞の部分に only work to keep an expensive lifestyle と endlessly want more and more の2つが並列の関係で続いている。

Section 4

教科書p.144

 読解のポイント

1. ムヒカさんは、経済的な発展を求めることが何を妨げると心配していますか。
2. ムヒカさんは、私たちのいちばん大切な宝は何だと言っていますか。

①In his speech, Mujica said that many people worked hard to earn more money than they actually needed. He said, "②We do not come into this world solely for economic development. ③We come here to be happy." ④He was concerned that seeking economic development prevented people from finding true happiness.

⑤Mujica stated that true happiness came from human relationships full of love, not from material wealth. ⑥His words helped people recognize important values in their life.

Mujica said, "⑦Development has to be in favor of human happiness: love on Earth, human relationships, caring for children, having friends, and fulfilling our basic needs." ⑧He concluded his speech by saying, "Happiness is the most precious treasure we have."

A B C 単語・語句の研究

☐ **earn** [ə́ːrn]　動 稼ぐ、(収入を)得る
参考 earnings(所得、賃金)

☐ come into this world　この世に生まれる
例 I was happy when my brother came into this world.
(私は弟がこの世に生まれたとき嬉しかった)

☐ **solely** [sóulli]　副 単に、ただ〜だけで
参考 sole(唯一の、ただ〜だけの)

☐ **prevent(ed)** [privént(id)]　動 妨げる、引き留める
参考 prevention(予防、防止)、preventive(予防の、妨げる)

☐ prevent 〜 from ...ing　〜が…することを妨げる
例 The heavy rain prevented us from going out.
(大雨が私たちが外出することを妨げた)

☐ **wealth** [wélθ]　名 富、財産　▶つづりに注意
参考 wealthy(裕福な)

☐ **recognize**　動 (〜だと)認める、わかる
　　[rékəgnàiz]　参考 recognition (気づくこと、認識)

☐ **favor** [féivər]　名 親切な行為、支持

☐ in favor of 〜　〜の助けになるように
　　　　　　　　　例 I'll do my best in favor of you.
　　　　　　　　　(あなたの助けになるように全力を尽くします)

☐ love on Earth　この世の全ての愛

☐ fulfill(ing)　動 満たす、実現させる
　　[fulfíl(iŋ)]　参考 fulfilled (満足して)、fulfilling (満足できる)、
　　　　　　　　fulfillment (満足感)

☐ **precious** [préʃəs]　形 大切な、貴重な

 解説

① **In his speech, Mujica said that many people worked hard to earn more money than they actually needed.**
- 文全体は、〈S (Mujica) + V (said) + that節 (that many 〜 needed).〉の構造。that節の中は〈S' (many people) + V' (worked)〉を核とした文で、hardとto earn 〜は修飾語句。
- 〈more + 名詞 + than 〜〉は「〜より多くの…」の意味。

② **We do not come into this world solely for economic development.**
- Weは話し手であるムヒカさんと聴衆、人類を含めた「私たち」。

③ **We come here to be happy.**
- hereは前文のinto this worldをさす。
- to be 〜はここでは「〜になるために」という目的を表す。

④ **He was concerned that seeking economic development prevented people from finding true happiness.**
- be concerned that 〜は「〜を心配する、懸念する」の意味。
- that節の中の主語はseeking economic development。

⑤ **Mujica stated that true happiness came from human relationships full of love, not from material wealth.**

- state はここでは動詞で、state that ～で「～と述べる」の意味になる。
- コンマ (,) のあとに true happiness did、not のあとに come が省略されている。英語には同じことばのくり返しを避ける傾向があり、くり返しになったり言わなくてもわかりそうなときは省略されることが多い。

- 🖊**確認** 次の英語を日本語になおしなさい。

   ア．Breakfast is cooked by my father, and dinner by my mother.

   _____

   イ．I listened to music while washing the dishes.

   _____

⑥ **His words helped people recognize important values in their life.**

- 〈help + O + (to +) 動詞の原形〉で「O が～するのを助ける、O が～するのに役立つ」という意味になる。

⑦ **Development has to be in favor of human happiness: love on Earth, human relationships, caring for children, having friends, and fulfilling our basic needs.**

- have[has] to be ～は「～でなくてはならない」の意味。
- human happiness「人間の幸せ」のあとにコロン (:) があり、続けて human happiness の具体例が5つ挙げられている。

⑧ **He concluded his speech by saying, "Happiness is the most precious treasure we have."**

- 〈by + ～ing〉は「～することによって」の意味。
- treasure を we have が後ろから直接説明している。treasure のあとに目的格の関係代名詞 which が省略されていると考えることもできる。

文型と文法の解説

1 同格を表す that 節

◉ 「〜という…」 ＝ ［名詞＋ that ＋ S'＋ V'］

The speech showed **his belief that** people had to change their lifestyle.
「彼の信念」 (S') (V')
「人々が生活様式を変えなければならないという」

(そのスピーチは、人々が生活様式を変えなければならないという彼の信念を示した)

接続詞 that には「〜という…」の意味があり、直前にある名詞の内容を that から始まる名詞節が後ろから説明して同格 (＝) の関係にする。

ただし、どんな名詞にも使えるわけではなく、同格の that 節が続く名詞は事実、思考、伝達を表す語が多い。具体的には以下の通り。

belief「信念」、fact「事実」、news「知らせ」
idea「考え」、opinion「意見」、chance「見込み」
feeling「感情」、story「話」、rumor「うわさ」など

例 **The news that** his daughter won the game made him happy.
　(彼の娘が試合に勝ったという知らせに彼は嬉しくなった)

2 強調構文

◉ 「…なのは、〜だ」 ＝ ［It is 〜 that ...］

It was 13 years **that** Mujica spent in jail.
「…なのは、13 年だった」

(ムヒカさんが刑務所で過ごしたのは、13年だった)

ある語句を強調するとき、その語句を It is 〜 that ... の〈〜〉の位置に入れて表すことがある。このような形を強調構文という。日本語では「…なのは、〜だ」となる。

〈〜〉に入れることができる語句は、主語・目的語・補語になっている名詞や、副詞の働きをする語句などである。

例 Bill wrote the letter twenty years ago.
　→ **It was** the letter **that** Bill wrote twenty years ago.
　(20年前にビルが書いたのはその手紙だった)〈目的語 the letter を強調〉

3 倒置

◉否定語を強調するとき＝［否定を表す語＋疑問文の語順］

Never did he need fancy things to be happy.

「決してない、彼が〜を必要としたことは」（＝He never needed fancy things to be happy.）

（彼が幸せになるために高級なものを必要としたことは決してない）

ある語句を強調するときに、語順が入れかわることを倒置と言う。

never「一度も〜ない」、not「〜でない」、little「ほとんど〜ない」などの否定語を強調するときは、〈否定を表す語＋疑問文の語順〉になる。なお、littleを倒置の文で使うと「まったく［夢にも］〜ない」という意味を表すこともあるので注意しよう。

例 **Never did my brother think** that he would win.

（兄は自分が勝つとはまったく思わなかった）

Little did I expect that I could meet the actor.

（私はその俳優に会えるとは夢にも思わなかった）

4 省略

◉同じことばのくり返しをさけるとき＝［(S＋V)＋〜］

True happiness came from human relationships full of love, not from material wealth.

「(本当の幸せは、) 物質的な裕福さからではない」

（本当の幸せは物質的な裕福さからではなく、愛に満ちた人間関係から生まれる）

文を簡潔にするため、一度出た語句のくり返しを避けて省くことがある。これを省略という。andなどの接続詞の前後の文が同じ構造である場合、重複している語句は省かれることが多い。また、whenやifなどの副詞節の中で、〈接続詞＋主語＋be動詞〉の形のとき、接続詞のあとの〈主語＋be動詞〉が省略されることがある。

例 She comes home late when (**she is**) busy.

（彼女は忙しいときには帰宅が遅い）

確認問題

1 下線部の発音が同じものには○、違うものには×を（　）に書き入れなさい。

(1) pre<u>v</u>ent — w<u>ea</u>lth　（　　　）

(2) f<u>a</u>vor — g<u>a</u>p　（　　　）

(3) th<u>e</u>me — t<u>e</u>ndency　（　　　）

(4) tr<u>u</u>ly — s<u>u</u>burb　（　　　）

(5) bel<u>ief</u> — s<u>ee</u>k　（　　　）

2 ▢ から最も適切な語を選び、（　）に書き入れなさい。

(1) The weather is going (　　　) in this area.

(2) The patient is fighting (　　　) the disease.

(3) The rules are (　　　) favor of the students.

(4) We're concerned (　　　) your health.

(5) Everyone is a person (　　　) value.

in	of	about	down	against

3 日本語に合うように、（　）内に適切な語を入れなさい。

(1) 私は彼女がもうすぐ結婚するといううわさを聞いた。

I heard the rumor (　　　) (　　　) would get married soon.

(2) 私はこんなに美しい花を一度も見たことがない。

Never (　　　) (　　　) (　　　) such a beautiful flower.

(3) 窓を割ったのは私の弟だった。

(　　　) was my brother (　　　) broke the window.

(4) 彼がそんなことを言うとは夢にも思わなかった。

Little (　　　) (　　　) dream that he would say such a thing.

(5) 私たちがよく野球をしたのはこの公園だ。

It was in the park (　　　) (　　　) often played baseball.

4 日本語に合うように、(　　) 内に適切な語を入れなさい。

(1) その女性は忙しい生活を送っている。

The woman is (　　) a busy (　　).

(2) その猫は先週この世に生まれた。

The cat (　　) (　　) this (　　) last week.

(3) ある男性が、私がその建物に入るのを妨げた。

A man (　　) me (　　) entering the building.

(4) 私は演説を行う前、緊張していた。

I was nervous before I (　　) a (　　).

(5) その泥棒は警察に逮捕された。

The thief was (　　) by the police.

5 次の英語を日本語に訳しなさい。

(1) Bob wanted to use that toy, but other boys didn't.

_____

(2) Not until I came home did I realize that I had lost my keys.

_____

(3) It is space science that Nancy studies at the university.

_____

6 日本語に合うように、[　　] 内の語句を並べかえなさい。

(1) 私はお金で全て手に入れられるという考え方は好きではない。

I don't like [money / the idea / buy / that / everything / can].

I don't like _____.

(2) その有名な寺を建てたのは私の祖父だった。

It [that / built / was / the famous temple / my grandfather].

It _____.

(3) 私たちは若いとき、よく映画を見に行った。

We often [to / young / went / when / the movies].

We often _____.

7 次の英文を読み、設問に答えなさい。

　Mujica was born in a poor area of Montevideo in 1935. When he was ①(　　　) his early (　　　), ②the economy in Uruguay went down. He became concerned ③(　　　) the gap between ④the rich and the poor.

　Mujica thought that political change was necessary. He fought against the military government and got arrested four times. ⑤[that / spent / was / it / 13 years / Mujica] in jail. However, he did not give up his hope of changing Uruguay into a better country.

　In 1985, he was finally released. He never lost his strong will to change society and became a politician ten years later. Then in 2010, he was elected as the 40th president of Uruguay.

(1) 下線部①が「20代の初めに」という意味になるように、(　　)にそれぞれ適する語を入れなさい。
＿＿＿＿＿＿ his early ＿＿＿＿＿＿

(2) 下線部②を日本語に訳しなさい。
＿＿＿＿＿＿＿＿＿＿＿＿＿＿＿＿

(3) 空所③に入る最も適切な語を選び、記号で答えなさい。
　ア. for　　イ. about　　ウ. of　　エ. from　　　　(　　)

(4) 下線部④を、同じ意味を表す2語で書きかえなさい。
＿＿＿＿＿＿＿　＿＿＿＿＿＿＿

(5) 下線部⑤が「ムヒカさんが刑務所で過ごしたのは、13年だった」という意味になるように、[　]内の語句を並べかえなさい。
＿＿＿＿＿＿＿＿＿＿＿＿＿＿＿＿ in jail.

(6) 本文の内容に合うように、次の質問に英語で答えなさい。
When was Mujica released from jail?
＿＿＿＿＿＿＿＿＿＿＿＿＿＿＿＿

Living in an E-Society — The Pros and Cons

　このレッスンではThe Pros and Cons、つまり賛成意見と反対意見に分かれての議論について学習します。テーマはLiving in an E-Society（電子化が進む社会に生きること）で、具体的にはeスポーツクラブ設立への賛否、そして電子書籍と紙の書籍のどちらを選ぶかというものです。

　eスポーツ（esports）はelectronic sportsの略で、コンピュータゲームなどの対戦をスポーツ競技としてとらえた名称です。日本ではまだスポーツとしての認知度はあまり高くありませんが、2020年の市場規模はおよそ67億円に達しており、2024年には180億円を超えると予想されています。単なるゲームとしてではなく、地域や身体的なハンディを乗り越えて参加する競技としてのあり方について知ったうえで、課題とされる点にも目を向けながら、学校のクラブとしてのeスポーツの是非を考えてみましょう。

　電子書籍と紙の書籍についても、どちらがよい悪いということではなく、両者にそれぞれの特徴があります。双方の特徴を知ったうえで、自分ならどちらを選びたいと思うかを考えてみると良いでしょう。

　なおこのようにテーマを決めて話し合いをするときには、自分がどちらの立場なのかを明確にし、その理由を具体的に挙げることが大切です。このレッスンに出てくる表現も利用しながら、わかりやすく自分の意見を伝え、また相手の意見をしっかり受け止めたうえでそれに答えていく練習をしていきましょう。

Topic
1 ①
教科書 p.154

 読解のポイント

1. ユイさんはeスポーツクラブ設立に賛成・反対どちらの立場ですか。
2. 英語のsportという単語に含まれるアクティビティとして、ユイさんは何を挙げていますか。

Amy : ① I heard some students want to start an esports club in our school. ② What do you think about this idea?

Yui : ③ Well, I think it's good to have an esports club. ④ First of all, you may think of esports as just online games, but actually they are sports. ⑤ In fact, the English word "sport" covers a wide range of activities such as billiards, fishing, and chess. ⑥ So an esports club should be included in our club activities. ⑦ Is my point clear?

Amy : Yeah. I see your point. Do you have any other reasons?

Yui : Yes. ⑧ As long as the Internet is available, anyone can enjoy esports and make friends with people around the world. ⑨ Virtual reality technology also enables physically disabled people to play sports. ⑩ This surely promotes accessibility in sports. ⑪ Isn't it wonderful?

ⒶⒷⒸ 単語・語句の研究

☐ **e-society** [íːsəsáiəti]	图 e ソサエティ
☐ **pro(s)** [próu(z)]	图 賛成論、賛成票
☐ **con(s)** [kán(z)]	图 反対論、反対票
☐ **esports** [íːspɔ́ːrts]	图 e スポーツ
☐ **range** [réindʒ]	图 範囲、幅
☐ a wide range of ～	広い範囲の～ 例 The shop sells a wide range of clothing. （その店は広い範囲の衣料品を販売している）
☐ **billiards** [bíljərdz]	图 ビリヤード
☐ **chess** [tʃés]	图 チェス
☐ as long as ～	～する限り 例 As long as you don't give up, you can do it. （あきらめない限り、できる）

☐ **available** [əvéiləbl]	形 利用できる 参考 availability（利用できること、（利用できる）可能性）	
☐ **virtual** [vɔ́ːrtʃuəl]	形 バーチャルの、仮想の 参考 virtually（仮想的に）	
☐ **reality** [riǽləti]	名 現実 参考 real（本当の、現実の）	
☐ virtual reality	仮想現実	
☐ **enable(s)** [inéibl(z)]	動 （人などが）～することを可能にする 参考 able（～できる）、ability（能力）	
☐ **accessibility** [æksèsəbíləti]	名 （障がいがある人などの）利用のしやすさ 参考 accessible（利用しやすい）	

 解説

① **I heard some students want to start an esports club in our school.**
- 〈I heard (that) + S + V〉で「SがVすると聞いた」という文になる。

② **What do you think about this idea?**
- this idea は前文の to start an esports club in our school をさす。

③ **Well, I think it's good to have an esports club.**
- 文頭の Well, は「ええと」という間投詞。
- 〈I think (that) + S + V〉で「SがVだと思う」という文になる。
- it's の it は形式主語で、真の主語は to have ～ club の部分。

④ **First of all, you may think of esports as just online games, but actually they are sports.**
- first of all は「まず最初に」の意味。いくつかのものごとや意見など（ここではeスポーツをクラブ活動に導入すべきという意見）について複数のことを挙げる際、最初の1つを述べるときに使う。
- think of ～ as ... で「～のことを…だと思う」の意味になる。
- 文後半の they は前半の esports をさす。

⑤ **In fact, the English word "sport" covers a wide range of activities such as billiards, fishing, and chess.**
- the English word と "sport" は同格の関係。
- such as ~は「~などの」と例を挙げるときに使う。

⑥ **So an esports club should be included in our club activities.**
- ここの So は「だから」の意味の接続詞。
- 〈should be + 過去分詞〉は助動詞を使った受け身で、「~されるべき」という意味になる。

⑦ **Is my point clear?**
- my point はそれまでのユイの発言内容をさす。このようにディベートをするときは、自分の意見が相手にきちんと伝わっているかを確認することが大切。

⑧ **As long as the Internet is available, anyone can enjoy esports and make friends with people around the world.**
- anyone は肯定文で使うと「誰でも」の意味になる。Anyone can ~. で「誰でも~できる」となる。
- make friends with ~は「~と友だちになる」の意味。

⑨ **Virtual reality technology also enables physically disabled people to play sports.**
- 〈S + enable(s) ... to + 動詞の原形〉で「Sが、…が~できるようにする、Sのおかげで…は~できるようになる」の意味になる。
  例 The Internet enables people to work from home.
  （インターネットが、人々が自宅で仕事ができるようにする
  ［インターネットのおかげで、人々は自宅で仕事ができる］）

⑩ **This surely promotes accessibility in sports.**
- This は前の2文の内容全体をさす。

⑪ **Isn't it wonderful?**
- Isn't it ~? は「~ではありませんか」と相手に呼びかける言い方。
- it は前文の内容全体をさす。

Topic 1 ②

教科書 p.154-155

📖 読解のポイント

1. タクさんはeスポーツにより懸念される健康問題として何を挙げていますか。
2. エイミーさんが特に感銘を受けたのはどのような考え方ですか。

Taku : ① I understand the advantages of esports, but I don't think we need an esports club in our school. ② First, the players may suffer from health issues. ③ For example, if they practice esports for a long time, their eyesight may become worse. ④ Also, if they keep sitting in front of a computer for many hours, they may have less time to exercise, which is not good for their health. Don't you think so?

Amy : Sure, that could really happen. Please go on.

Taku : Addiction is also a concern. ⑤ By practicing games intensively day in and day out, some esports players may become addicted to computer games. ⑥ As a result, they may develop sleep disorders and may be late for school. ⑦ I'm against having an esports club in our school. ⑧ It's too dangerous for the students. ⑨ Do you understand what I mean?

Amy : Yes. Thank you, Yui and Taku. ⑩ Your opinions are very persuasive. ⑪ In particular, I was impressed with Yui's idea. ⑫ According to her, physically disabled people can enjoy sports thanks to virtual reality technology. I think that accessibility is a big advantage of esports. ⑬ Taku also impressed me by pointing out the dangers of esports. So let's continue our discussion.

🅐🅑🅒 単語・語句の研究

☐ **eyesight** [áisàit]　名 視力

☐ **addiction** [ədíkʃn]　名 依存、中毒
参考 addict（依存症者、熱狂的愛好者）

☐ **concern** [kənsə́ːrn]　名 心配、懸念
参考 concern（心配させる）

☐ **intensively** [inténsivli]　副 集中的に、激しく
参考 intensive（集中的な、徹底的な）

☐ day in and day out	明けても暮れても 例 The man worked day in and day out. （男性は明けても暮れても働いた）
☐ **addict(ed)** [ədíkt(id)]	動 依存させる
☐ **disorder(s)** [disɔ́:rdər(z)]	名 障害、不調
☐ sleep disorder	睡眠障害
☐ **persuasive** [pərswéisiv]	形 説得力のある 参考 persuade（説得する）
☐ in particular	とりわけ 例 I like sports. In particular, I love soccer. （私はスポーツが好きだ。とりわけ、サッカーが 大好きだ）
☐ point out 〜	〜を指摘する 例 He pointed out my mistake. （彼は私の間違いを指摘した）

 解説

① **I understand the advantages of esports, but I don't think we need an esports club in our school.**
  - ● I don't think (that) 〜 .「〜だとは思わない」。英語では、できるだけ最初のほうに否定を表す語（ここでは don't）を置くのが原則。

② **First, the players may suffer from health issues.**
  - ● may は「〜かもしれない」、suffer from 〜 は「〜に苦しむ」の意味。
  - ● issue はここでは「問題」の意味。health issues で「健康問題」。

③ **For example, if they practice esports for a long time, their eyesight may become worse.**
  - ● for example は「例えば」。前文の health issues の例を挙げている。

④ **Also, if they keep sitting in front of a computer for many hours, they may have less time to exercise, which is not good for their health.**
  - ● , which は、説明をあとから補足する非制限用法の関係代名詞。ここでは、which の先行詞は they may have less time to exercise の部分全体である。

⑤ **By practicing games intensively day in and day out, some esports players may become addicted to computer games.**
- by 〜ing で「〜することによって」という意味になる。

⑥ **As a result, they may develop sleep disorders and may be late for school.**
- develop には「(病気などに) なる」という意味がある。develop sleep disorder(s) で「睡眠障害になる」の意味。

⑦ **I'm against having an esports club in our school.**
- 〈be 動詞 + against + 〜ing〉は「〜することに反対だ」という意味。

⑧ **It's too dangerous for the students.**
- It は前文の having an esports club in our school をさす。

⑨ **Do you understand what I mean?**
- この what は先行詞のない関係代名詞。what I mean で「私の言っていること」という意味になる。

⑩ **Your opinions are very persuasive.**
- Your opinions は、直前に話しているタクさんだけでなく、その前に話していたユイさんの意見も含めたものであることに注意。

⑪ **In particular, I was impressed with Yui's idea.**
- be impressed with 〜は「〜に感銘を受ける」という意味になる。

⑫ **According to her, physically disabled people can enjoy sports thanks to virtual reality technology.**
- according to 〜は「〜によると」という意味。
- thanks to 〜は「〜のおかげで」の意味。

⑬ **Taku also impressed me by pointing out the dangers of esports.**
- point out 〜は「〜を指摘する」の意味。ここでは動名詞になっている。

Topic 2 ①

教科書p.158

 読解のポイント

1. モエさんが電子書籍を薦める最初の理由は何ですか。
2. モエさんによれば、何が好きでなければ電子書籍がより良い選択ですか。

Ryo : ① Now I'm thinking about buying some books. ② I'm wondering which I should buy, ebooks or printed books. ③ Which do you recommend?

Moe : ④ Well, I recommend ebooks. ⑤ I have two reasons. ⑥ First, ebooks are easy to carry. ⑦ You can carry hundreds of books at a time in one slim ebook reader. ⑧ Devices such as tablets and smartphones are very thin and light. ⑨ What's more, you don't need a bookshelf to store books, so you can save space in your room.

Ryo : ⑩ You're right. ⑪ That's an amazing feature.

Moe : ⑫ Second, ebooks have useful functions. ⑬ For example, you can zoom in and out to change the font size. ⑭ So I think ebooks are a better choice if you don't like reading small letters. ⑮ Moreover, using the search function, you can quickly find the information you want.

🅰🅱🅲 単語・語句の研究

☐ **print(ed)** [prínt(id)]	動 印刷する
☐ **hundreds of 〜**	何百もの
	例 Hundreds of people attended the party.
	（何百人もの人々がそのパーティに参加した）
☐ **at a time**	一度に
	例 Please ask one question at a time.
	（一度に１つの質問をしてください）
☐ **device(s)** [diváis(iz)]	名 デバイス、機器
☐ **tablet(s)** [tǽblət(s)]	名 タブレット（端末）
☐ **smartphone(s)** [smá:rtfòun(z)]	名 スマートフォン
☐ **bookshelf** [búkʃèlf]	名 本棚
	参考 book（本）+ shelf（棚）
☐ **zoom** [zú:m]	動 拡大［縮小］する

194

□ zoom in	拡大する
□ zoom out	縮小する
□ **font** [fánt]	图 フォント

 解説

① **Now I'm thinking about buying some books.**
- think about ～ingは「～することを考える」の意味。ここでは現在進行形で使われている。

② **I'm wondering which I should buy, ebooks or printed books.**
- 間接疑問文。〈I'm wondering + 疑問詞（ここではwhich）+ S + V〉で「どちらをSがVするか考えている」という意味になる。
- ebooksは「電子書籍」、printed booksは「印刷された書籍」、つまり従来の紙の書籍のこと。

③ **Which do you recommend?**
- Whichは前文のebooksとprinted booksのどちらかということ。

④ **Well, I recommend ebooks.**
- ここのWellは「ええと」という意味の間投詞。

⑤ **I have two reasons.**
- ディベートやスピーチで自分の主張を述べるときは、理由を添えるのが大切。具体的な理由を述べる前にこのように〈I have + 数字 + reasons.〉と数を明言しておくと、聞き手も整理して聞きやすい。

⑥ **First, ebooks are easy to carry.**
- 前文で述べたtwo reasonsのうちの最初の理由。First,「まず[第一に]」。
- 〈形容詞 + to + 動詞の原形〉で「～するのが…」という意味になる。

⑦ **You can carry hundreds of books at a time in one slim ebook reader.**
- hundreds of ～は「何百もの～」。「～」には名詞の複数形が入る。
- ebook readerは「電子書籍リーダー」。電子書籍を読むためのタブレットなどの機器のこと。

⑧ **Devices such as tablets and smartphones are very thin and light.**
- devices such as 〜は「〜などのデバイス［機器］」の意味。

⑨ **What's more, you don't need a bookshelf to store books, so you can save space in your room.**
- What's more は「その上」。
- ここの store は「保管する」という意味の動詞。to store books は a bookshelf を説明する形容詞的用法の不定詞句である。

⑩ **You're right.**
- 直前のモエさんの発言内容への共感を伝える言い方。

⑪ **That's an amazing feature.**
- ここでの feature は「特徴」という意味。

⑫ **Second, ebooks have useful functions.**
- Second, は⑥の First, と対になった表現で、⑤の two reasons のうちの2番目ということ。

⑬ **For example, you can zoom in and out to change the font size.**
- to change the font size は「フォントサイズを変えるために」の意味で、zoom in and out の目的を表す不定詞句。

⑭ **So I think ebooks are a better choice if you don't like reading small letters.**
- So は「だから」という意味の接続詞で、そのあとは I think (that) 〜.「私は〜だと思う」の文。ここでは that が省略されている。
- that 節の中は SVC の文で、ebooks が主語、are が動詞、a better choice が補語。そのあとに、条件を表す if 節が続いている。

⑮ **Moreover, using the search function, you can quickly find the information you want.**
- using the search function, は分詞構文。「〜することで」という理由を示している。
- 文の最後の you want は、直前の the information を直接修飾している。information と you の間に関係代名詞 which が省略されていると考えることもできる。

Topic 2 ②

教科書p.158-159

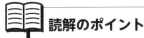 **読解のポイント**

1. ジェフさんが紙の本を薦める1番目の理由は何ですか。
2. リョウさんは紙の書籍と電子書籍、どちらを買うつもりですか。

Jeff : In my opinion, you should buy printed books. ① One reason is that they are simple to read. ② You don't need any device or power source to read them. So you can enjoy books anytime and anywhere. ③ Besides, you don't have to refer to complicated instructions to read printed books.

Ryo : That's a good point. Are there any other reasons?

Jeff : Yes. ④ The other reason is that printed books enable you to enjoy a book as a whole. Each printed book has its own design, size, and texture. ⑤ They are all important elements of a book itself. ⑥ I believe that reading a book is not simply reading letters but appreciating a piece of work. ⑦ To appreciate a book fully, you should choose a printed one.

Ryo : All right, thank you for your opinions. ⑧ Both types of books seem to have their own advantages. ⑨ But this time, I would choose printed books because Jeff's comment on their simpleness sounded persuasive to me. ⑩ Also, I find it an interesting idea that a book should be enjoyed as a piece of work. That being said, I agree with Moe in that ebooks have attractive functions. I may try ebooks next time.

A B C 単語・語句の研究

☐ power source	電源
☐ **anytime** [énitàim]	副 いつでも
☐ **besides** [bisáidz]	副 その上
☐ as a whole	全体として 例 The festival was a success as a whole. （祭りは全体として成功だった）
☐ **texture** [tékstʃər]	名 手触り、質感
☐ **element(s)** [élimənt(s)]	名 要素
☐ a piece of work	作品
☐ **simpleness** [símplnəs]	名 単純さ、シンプルさ 参考 simple（単純な、シンプルな）

197

☐ that being said	そうは言っても
	例 That being said, I don't agree with what she said.
	(そうは言っても、私は彼女が言ったことに賛成はしない)
☐ in that 〜	〜という点において
	例 Horyuji Temple is unique in that it is the oldest wooden building in the world.
	(法隆寺は世界最古の木造建築という点において特異だ)

 解説

① **One reason is that they are simple to read.**
- 文全体は、〈S (One reason) + V (is) + C (that節：that they 〜 read).〉の構造。
- that節の中のtheyは前文のprinted booksをさす。
- simple to readは「読むのが簡単」の意味。

② **You don't need any device or power source to read them.**
- Youは聞き手を含めた一般の人をさす。
- don't need any 〜で「〜を一切必要としない」と強く否定する文になる。

③ **Besides, you don't have to refer to complicated instructions to read printed books.**
- 〈don't have to + 動詞の原形〉は「〜する必要がない」。

④ **The other reason is that printed books enable you to enjoy a book as a whole.**
- 文全体はSVCの構造で、that節が文の補語になっている。
- 〈S + enable ... to + 動詞の原形〉で「Sが、…が〜できるようにする、Sのおかげで ... が〜できるようになる」と言う意味。

⑤ **They are all important elements of a book itself.**
- Theyは前文のdesign, size, and textureをさす。
- a book itselfは「本それ自体の」の意味。

⑥ **I believe that reading a book is not simply reading letters but appreciating a piece of work.**

- 文全体はSVOの構造で、that節が文の目的語になっている。
- that節の主語はreading a book。
- not ～ but ... は「～ではなく…」という意味。ここでは「～」「…」両方に動名詞が使われており、not (simply) ～ing but ...ingで「(単に)～するのではなく…することだ」という意味を表す。

⑦ **To appreciate a book fully, you should choose a printed one.**

- To ～ fullyは「～するために」という目的を表す不定詞句。このappreciateは「鑑賞する」の意味。

⑧ **Both types of books seem to have their own advantages.**

- Both types of booksは、このトピックで話し合われてきたebooksとprinted booksのこと。

⑨ **But this time, I would choose printed books because Jeff's comment on their simpleness sounded persuasive to me.**

- this timeは「今回(は)」の意味。
- 〈would ＋動詞の原形〉で「～したいと思う」と控えめに言う表現になる。
- because節は、[S (Jeff's comment on their simpleness) + V (sounded) + C (persuasive to me)]の構造。

⑩ **Also, I find it an interesting idea that a book should be enjoyed as a piece of work.**

- 形式目的語itの文。真の主語はthatからあとの部分で、I find it ～ that .... で「私は…を～だと思う」という文になる。
- that節の中は、助動詞を使った受け身の文。〈should be ＋過去分詞〉で「～されるべきだ」という意味になる。
- a piece of workは「1つの作品」の意味。

確認問題

1 下線部の発音が同じものには○、違うものには×を（　　）に書き入れなさい。

(1) pr<u>i</u>nt — dev<u>i</u>ce　　（　　　）

(2) r<u>a</u>nge — <u>a</u>nytime　　（　　　）

(3) v<u>ir</u>tual — conc<u>er</u>n　　（　　　）

(4) av<u>ai</u>lable — en<u>a</u>ble　　（　　　）

(5) b<u>oo</u>kshelf — z<u>oo</u>m　　（　　　）

2 ▭ から最も適切な語を選び、（　　）に書き入れなさい。

(1) You can go to the concert as long (　　　) you come home before ten.

(2) The girls practiced basketball day in and day (　　　).

(3) The students stood up (　　　) a time.

(4) We are similar (　　　) that we love music.

(5) Our history teacher has a wide range (　　　) knowledge.

as	in	out	of	at

3 日本語に合うように、（　　）内に適切な語を入れなさい。

(1) ペットは適切に世話されるべきだ。

Pets (　　) (　　) (　　) care of properly.

(2) あの花を見てください。それは美しくありませんか。

Look at the flower. (　　) (　　) beautiful?

(3) どうぞ続けてください。

Please (　　) (　　).

(4) 良い指摘です。

That's a (　　) (　　).

(5) とても寒かった。さらに、雨が降り出した。

It was very cold. (　　), it started to rain.

4 日本語に合うように、( ) 内に適切な語を入れなさい。

(1) 私は夏を楽しんだ。とりわけ、たくさんの映画を見ることを楽しんだ。

I enjoyed the summer. ( ) ( ), I enjoyed seeing a lot of movies.

(2) その男性は打ち合わせ中に大きな問題を指摘した。

The man ( ) ( ) a big problem during the meeting.

(3) 私は、その計画は全体としてよいと思う。

I think the plan is good ( ) a ( ).

(4) 2本の指で拡大することができます。

You can ( ) ( ) with two fingers.

(5) 私の言っていることがわかりますか。

Do you ( ) ( ) I mean?

5 次の英語を日本語に訳しなさい。

(1) The woman suffers from sleep disorder.

_____

(2) He did his best, which impressed me.

_____

(3) I believe it's important to eat breakfast.

_____

6 日本語に合うように、[ ] 内の語句を並べかえなさい。

(1) めがねで私はよりはっきりものが見えるようになる。

[me / things / see / the glasses / enable / to] more clearly.

_____ _____ more clearly.

(2) 彼はソーシャルメディアに依存している。

[addicted / to / he / social media / is].

_____.

(3) 私は何をするべきか考えている。

[I / what / I'm / do / should / wondering].

_____.

7 次の英文を読み、設問に答えなさい。

Amy : I heard some students want to start an esports club in our school.
What do you think about ①this idea?

Yui : Well, I think it's good to have an esports club. First of all, you
may think of esports as just online games, but actually they are sports.
In fact, the English word "sport" covers a wide range of activities such
as billiards, fishing, and chess. So an esports club should be included
in our club activities. Is my point clear?

Amy : Yeah. I see your point. Do you have any other reasons?

Yui : Yes. ②[as / as / available / the Internet / long / is], anyone can
enjoy esports and make friends with people around the world. ③Virtual
reality technology also enables physically disabled people to play sports.
This surely promotes accessibility in sports. Isn't it wonderful?

Taku : I understand the advantages of esports, but I don't think we need
an esports club in our school.

(1) 下線部①はどんな考えか、日本語で簡潔に書きなさい。

_____

(2) 下線部②が「インターネットが利用できる限り」という意味になるように、
[　　] 内の語句を並べかえなさい。

_____

(3) 下線部③の日本語訳を完成させなさい。
仮想現実技術はまた、_____

_____。

(4) 本文の内容に合うように、次の質問に英語で答えなさい。
What are the examples of the activities covered by the English word
"sport"?

_____

Syria's Secret Library

　　シリアは地中海東岸に位置する国で、面積は日本の半分ほど。トルコやイラク、ヨルダン、イスラエル、レバノンと国境を接しています。約40年にわたって独裁政権が続いていましたが、2011年、中東諸国で起きた「アラブの春」の影響を受けて国内各地で反政府デモが発生しました。政府が武力でデモを鎮圧しようとしたことやイスラム過激派の武装勢力が加わったことなどからデモは暴力的な衝突に発展し、2012年にはシリア全土が内戦状態になりました。これをさらに混乱させたのがイスラム過激派組織の介入で、2021年までにシリア全土で40万人を超える死者、670万人を超える国内避難民、さらに570万人以上の難民が発生しました。現在もシリアは非常に厳しい状況におかれています。

　　このようなシリアにおいて、地下に秘密の図書館が存在していました。場所は首都ダマスカス近郊の町、ダラヤ。2012年から4年近くの間政府軍に包囲され、連日空爆を受けていたこの町で、崩壊した建物の中から住民たちが本を集め、地下に図書館を作ったのです。図書館にはさまざまな本があり、人々はそこに集まって本を読み、さらに映画を見たり、話し合ったりしました。本は人々にとって文化の砦となり、正気を保つためのよりどころとなったのです。

　　この図書館がどのようにして生まれたのか、図書館に集まった人々がどのような様子だったのか、4年近くにわたるダラヤの包囲のあと、図書館とそこにいた人々はどうなったのか、図書館を作った人々と本のもつ力について考えながら読んでみましょう。

Section 1

教科書p.162〜p.163 *l*.4

 **読解のポイント**

1. 2012年に起きた内戦は、何と何によるものでしたか。
2. アフマド・ムジャヘドさんはどこで何を学んでいた人物でしたか。

① Darayya is a town 8 km south-west of Damascus, the capital of Syria. ② In 2012, the conflict between the government and the citizens, who were demanding democracy, turned into a civil war. ③ As all the roads leading to the town were blocked, the citizens had no access to things necessary for their daily lives. ④ Schools were closed, and students had to give up their studies.

⑤ Many people had already left Darayya and escaped to neighboring towns. ⑥ However, some citizens decided to stay in Darayya and continue their resistance against the government. ⑦ Ahmad Mujahid, a 23-year-old student studying engineering at Damascus University, was one of them.

ⒶⒷⒸ 単語・語句の研究

☐ **Darayya** [dəráijə]　　图 ダラヤ((地名))

☐ **south-west** [saùθwést]　　图 南西

☐ **Damascus** [dəmǽskəs]　　图 ダマスカス((シリアの首都))

☐ **conflict** [kánflikt]　　图 紛争、衝突
　　　　　　参考 conflict(衝突する)

☐ **democracy** [dimάkrəsi]　　图 民主主義
　　　　　　参考 democratic(民主主義の)

☐ **civil war**　　内戦

☐ **neighboring** [néibəriŋ]　　形 隣の、近隣の　▶つづりに注意
　　　　　　参考 neighbor(隣人、近所の人)、
　　　　　　neighborhood(近所、(特定の)地域)

☐ **Ahmad Mujahid**　　图 アフマド・ムジャヘド((人名))
　　[ά:məd múdʒɑ:hid]

解説

① **Darayya is a town 8 km south-west of Damascus, the capital of Syria.**
- a town を8 km south-west of Damascus が後ろから説明している。
- Damascus と the capital of Syria は同格の関係。

② **In 2012, the conflict between the government and the citizens, who were demanding democracy, turned into a civil war.**
- the conflict ～ democracy, までが文の主語。
- between A and B は「AとBの間の」の意味。
- , who were demanding democracy, の部分は非制限用法の関係代名詞節。直前の名詞 the citizens に後ろから情報を付け加えている。非制限用法では that を使うことができないので、名詞に応じて who か which を使いわける。
- 🖋**確認** ( ) 内に適切な語を入れなさい。
  - ア．私のおじは、大阪に住んでいるのですが、来週私の家を訪ねてきます。
    My uncle, ( ) lives in Osaka, will visit my house next week.
  - イ．私はギターを持っていますが、私はそれを誕生日にもらいました。
    I have a guitar, ( ) I got on my birthday.
- turn into ～は「～に発展する、～に変わる」の意味。

③ **As all the roads leading to the town were blocked, the citizens had no access to things necessary for their daily lives.**
- all ～ the town までが前半の文の主語。leading to the town が直前の roads を修飾している。
- have access to ～は「～を利用できる」。no を加えて have no access to ～ とすると、「～を (一切) 利用できない」という意味になる。
- things を necessary for their daily lives が修飾している。

④ **Schools were closed, and students had to give up their studies.**
- Schools were closed と students had to give up their studies という2つの文が対等な形で and で結ばれている。
- give up ～は「～をあきらめる」の意味。

⑤ **Many people had already left Darayya and escaped to neighboring towns.**
- 過去完了の文。〈had＋過去分詞〉で過去のある時点（ここでは①～④で書かれている状況）のさらに前のことを表している。
- *確認* （　　）内に適切な語を入れなさい。
  私が帰宅したとき、弟はすでに寝ていた。
  When I came home, my brother (　　) already (　　) to bed.
- この文では、had は left と escaped の両方にかかっている。had already left Darayya and had (already) escaped ～ということ。

⑥ **However, some citizens decided to stay in Darayya and continue their resistance against the government.**
- decide to ～で「～することを決心する」という意味になる。ここでは「～」の部分に stay in Darayya と continue their resistance against the government の 2 つが入る形。

⑦ **Ahmad Mujahid, a 23-year-old student studying engineering at Damascus University, was one of them.**
- Ahmad Mujahid と a 23-year-old ～ University が同格（＝）の関係で、文の主語になっている。
- studying ～ University が student を後ろから修飾している。
- them は前文の some citizens をさす。

Section 2

教科書p.163 l.5〜p.163 l.14

読解のポイント

1. 2013年、アフマドさんは友だちに何をするよう頼まれましたか。
2. アフマドさんにとって本は何を象徴するものでしたか。

①One day in 2013, some friends asked Ahmad for help. ②They said they were trying to dig books out of the fallen houses. ③Ahmad was surprised and asked, "Books?" ④He thought there was no point in saving books when people's lives were not saved. ⑤For him, books were nothing but a symbol of lies and propaganda.

⑥Unwillingly, he followed his friends to a destroyed building and picked up a book from the floor. ⑦The book was written in English. ⑧Ahmad did not speak the language, yet he spotted some words he knew.

⑨When he turned the pages, he felt his body shake. ⑩He forgot about the war and found himself in a world of peace. ⑪The feeling of opening the door to knowledge shook his heart.

A B C 単語・語句の研究

☐ dig 〜 out of ...	…から〜を掘り出す 例 The dog dug a toy out of the garden. (その犬は庭からおもちゃを掘り出した)
☐ there is no point in 〜ing	〜するのは意味がない 例 There is no point in worrying too much. (心配しすぎるのは意味がない)
☐ nothing but 〜	〜にすぎない 例 This story is nothing but a rumor. (この話はうわさにすぎない)
☐ **propaganda** [prὰpəgǽndə]	名 プロパガンダ、偏った宣伝活動
☐ **unwillingly** [ʌ̀nwíliŋli]	副 いやいやながら 参考 willingly (自発的に)
☐ **destroy(ed)** [distrɔ́i(d)]	動 破壊する 参考 destruction (破壊)

解説

① **One day in 2013, some friends asked Ahmad for help.**
● 〈ask + 人 + for help〉は「(人)に助け[手伝い]を求める」という意味になる。

② **They said they were trying to dig books out of the fallen houses.**
● They は前文の some friends をさしている。

③ **Ahmad was surprised and asked, "Books?"**
● この文の主語は Ahmad、動詞は was と asked の2つ。

④ **He thought there was no point in saving books when people's lives were not saved.**
● He は前文の Ahmad をさす。
● ここの lives は名詞 life「命」の複数形。[laivz] と発音することに注意。

⑤ **For him, books were nothing but a symbol of lies and propaganda.**
● a symbol of ~は「~の象徴」の意味。

⑥ **Unwillingly, he followed his friends to a destroyed building and picked up a book from the floor.**
● destroyed は動詞 destroy「破壊する」の過去分詞で、形容詞的に直後の名詞 building を修飾している。

⑦ **The book was written in English.**
● 〈be written in + 言語名〉は「~語で書かれている」の意味。

⑧ **Ahmad did not speak the language, yet he spotted some words he knew.**
● the language は前文の English をさす。
● words he knew は、名詞 words を he knew〈主語 + 動詞〉が直接後ろから修飾している形。words と he の間に関係代名詞 which[that] が省略されていると考えることもできる。

⑨ **When he turned the pages, he felt his body shake.**

- turn the pagesは「ページをめくる」の意味。
- feelは知覚動詞で、〈feel + O + 動詞の原形〉は「Oが～するのを感じる」の意味になる。同じように使える知覚動詞にはほかにsee、hearなどがある。
- 確認 （　　）内に適切な語を入れなさい。
  - ア. 私は車が揺れるのを感じた。
    - I (　　　) the car (　　　).
  - イ. 私は彼がその部屋から出てくるのを見た。
    - I (　　　) him (　　　) out of the room.

⑩ **He forgot about the war and found himself in a world of peace.**

- 文の主語はHe。そのあとに〈V（+ O）〉の形（forgot about the warとfound himself in a world of peace）が2つ続いている。

⑪ **The feeling of opening the door to knowledge shook his heart.**

- The feeling ～ knowledgeまでが文の主語。

Section 3

教科書p.164

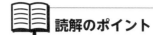 **読解のポイント**

1. 人々が本を集めた結果、1か月後に何冊の本が集まりましたか。
2. 図書館はどこで、何曜日の何時から何時まで開館していましたか。

① About 40 people volunteered for this mission. ② They waited for the sound of military aircraft to disappear and then collected books.

③ After a month, about 15,000 books had been gathered. ④ The volunteers carried these books to the basement of one building located in a badly damaged neighborhood. ⑤ They wiped the books clean, repaired torn pages, and put them on shelves. ⑥ They also carefully wrote down the name of the owner of each book on its front page.

⑦ Ahmad said, "We are not thieves. These books belong to the people of the town. ⑧ We want to make sure these books will return to the owners once the war is over."

⑨ A nameless library was established underground. ⑩ It was the only library in Darayya.

⑪ The library was open from 9 a.m. to 5 p.m. every day except on Fridays. ⑫ It might sound crazy to run a library when people were facing death. ⑬ However, an average of 25 people a day visited the library.

🅰🅱🅲 単語・語句の研究

☐ **mission** [míʃn]	名	目的、使命
☐ **aircraft** [éərkræft]	名	航空機
☐ **basement** [béismənt]	名	地下室
☐ **locate(d)** [lóukeit(id)]	動	(be located in ～で) ～に位置する ▶発音に注意
☐ **badly** [bǽdli]	副	ひどく 参考 bad ((事故などが) ひどい、悪い)
☐ **neighborhood** [néibərhùd]	名	(特定の) 地域、近所 ▶つづりに注意 参考 neighbor (隣人、近所の人)、neighboring (隣の、近隣の)
☐ **wipe(d)** [wáip(t)]	動	(布などで) ふく

☐ write down ~	～を書きとめる 例 I wrote down his phone number. （私は彼の電話番号を書きとめた）
☐ **owner** [óunər]	名 持ち主 参考 own（所有する）
☐ **thieves** [θiːvz] **<thief**	名 泥棒 参考 thieve（泥棒する）
☐ belong to ~	～のものである 例 That house belongs to my grandfather. （あの家は私の祖父のものだ）
☐ make sure ~	確実に～であるようにする 例 Make sure you close all the windows. （確実にすべての窓を閉めなさい）
☐ **nameless** [néimləs]	形 名のない、匿名の 参考 name（名前）、-less（～のない）
☐ **underground** [ʌndərgráund]	副 地下に［で］ 参考 under（～の下に）、ground（地面）
☐ **except** [iksépt]	前 ～以外は、～を除いて
☐ **crazy** [kréizi]	形 ばかげた、正気でない
☐ **average** [ǽvəridʒ]	名 平均
☐ an average of ~	平均～の 例 I sleep an average of seven hours a night. （私は一晩平均7時間眠る）

解説

① **About 40 people volunteered for this mission.**
- ここのvolunteer(ed)は動詞。volunteer for ～で「進んで［自発的に］～に志願する」の意味。

② **They waited for the sound of military aircraft to disappear and then collected books.**
- Theyは前文のAbout 40 peopleをさす。
- 〈wait for ... to + 動詞の原形〉は「…が～するのを待つ」という意味になる。

③ **After a month, about 15,000 books had been gathered.**
- 〈had been + 過去分詞〉は「(過去の一時点までに)〜された」という過去完了の文。

④ **The volunteers carried these books to the basement of one building located in a badly damaged neighborhood.**
- (be) located in 〜で「〜に位置する」という意味になる。ここでは過去分詞 located が形容詞の働きをして、located in a badly damaged neighborhood が one building を後ろから修飾している。

⑤ **They wiped the books clean, repaired torn pages, and put them on shelves.**
- 主語 They は前文の The volunteers をさす。そのあとに〈動詞 + 語句〉のセットが3つ(wiped 〜、repaired 〜、put 〜)続いている。
- wipe 〜 clean は「〜をふいてきれいにする」という SVOC の文。the books = clean という関係になっている。
- torn は tear「破る、引き裂く」の過去分詞形で、形容詞的に pages を修飾している。
- put 〜 on ...は「〜を…に置く」の意味。them は文前半の the books をさす。

⑥ **They also carefully wrote down the name of the owner of each book on its front page.**
- 主語 They は④の The volunteers をさす。

⑦ **Ahmad said, "We are not thieves.**
- thieves は thief「泥棒」の複数形。

⑧ **We want to make sure these books will return to the owners once the war is over.**
- once はここでは「いったん〜したら、〜したらすぐに」の意味の接続詞。

⑨ **A nameless library was established underground.**
- underground には副詞、形容詞、名詞の意味があるが、ここでは「地下に」という意味の副詞として使われている。

⑩ **It was the only library in Darayya.**
- It は前文の A nameless library をさす。
- only はここでは「唯一の」という意味の形容詞。

⑪ **The library was open from 9 a.m. to 5 p.m. every day except on Fridays.**
- ここの open は「開いている、開館している」の意味の形容詞。

⑫ **It might sound crazy to run a library when people were facing death.**
- It は形式主語で、to run 以降をさす。
- 〈might ＋動詞の原形〉は「〜かもしれない」という弱い推測を表す。
- 確認 （　　）内に適切な語を入れなさい。
  彼は今日学校を休むかもしれない。
  He (　　) (　　) absent from school today.
- ここの run は「運営する」という意味。

⑬ **However, an average of 25 people a day visited the library.**
- an average 〜 a day までが文の主語。
- a day は「1 日に（つき）」という意味になる。

Section 4

教科書p.165 *l*.1～p.165 *l*.11

読解のポイント

1. 兵士たちは何のために本を読みましたか。
2. 本のおかげで、人々は何をあきらめずにいられましたか。

① People desperately needed books to gain knowledge in wartime. ② Doctors needed books to treat their patients, and teachers needed books to provide education for children in the destroyed town.

③ Knowledge was not the only thing that books gave to people in Darayya. ④ Children read books which their fathers brought back from the library. ⑤ Books sometimes helped them ignore the hunger they felt. ⑥ Soldiers also read books. ⑦ They read in order to hold themselves together and not to let the war destroy them. ⑧ People read books to learn, to escape, and to maintain humanity. ⑨ Thanks to books, people did not give up the hope that they would be able to live peacefully again someday. ⑩ For those who did not even like reading before the war, reading became a shield against the bombings.

🄰🄱🄲 単語・語句の研究

☐ **desperately** [déspərətli]	副 とても、どうしても 参考 desperate（必死の）
☐ **wartime** [wɔ́ːrtàim]	名 戦時
☐ **ignore** [ignɔ́ːr]	動 知らないふりをする、無視する 参考 ignorance（無知、知らないこと）
☐ **soldier(s)** [sóuldʒər(z)]	名 兵士
☐ hold *oneself* together	正気を保つ 例 I tried to hold myself together. （私は正気を保とうとした）
☐ **humanity** [hjumǽnəti]	名 人間性 参考 human（人間（の））
☐ **peacefully** [píːsfəli]	副 平和に 参考 peace（平和）、peaceful（平和な）

☐ **shield** [ʃiːld]	图 盾、防御物	
☐ **bombing(s)** [bámiŋ(z)]	图 爆撃　▶発音に注意	
	参考 bomb（爆弾、爆撃する）	

 解説

① **People desperately needed books to gain knowledge in wartime.**
- ● to gain knowledge in wartimeは「〜するために」という目的を表す副詞的用法の不定詞句。

② **Doctors needed books to treat their patients, and teachers needed books to provide education for children in the destroyed town.**
- ● Doctorsとteachersを主語とした2つの文が、andを使って等位に結ばれている。
- ● to treat their patientsと to provide education 〜 townは目的を表す不定詞句。
- ● 〈provide + もの + for + 人〉で「（人）に（もの）を提供する」の意味になる。

③ **Knowledge was not the only thing that books gave to people in Darayya.**
- ● the only thingを〈関係代名詞that + S + V〉の節が後ろから修飾している。

④ **Children read books which their fathers brought back from the library.**
- ● この文、またこれ以降の文も、過去の話なのでreadは過去形。[red]と読むことに注意。
- ● booksを〈関係代名詞which + S + V〉の節が後ろから修飾している。

⑤ **Books sometimes helped them ignore the hunger they felt.**
- ● 〈help + O + (to +) 動詞の原形〉で「Oが〜するのを助ける、Oが〜するのに役立つ」という意味になる。
- ● 確認　（　　）内に適切な語を入れなさい。
  あなたがそのテーブルを運ぶのを手伝いますよ。
  I'll (　　) (　　) (　　) the table.

- them、they は前文の Children をさす。
- 名詞 hunger を〈主語 (they) ＋動詞 (felt)〉が後ろから直接修飾している。

⑥ **Soldiers also read books.**
- also は「～もまた」の意味。

⑦ **They read in order to hold themselves together and not to let the war destroy them.**
- They は前文の Soldiers をさす。
- 〈not to ＋動詞の原形〉は「～しないように」という表現になる。
- 〈let ＋ O ＋動詞の原形〉で「O に～させる (のを許す)」の意味。
- 確認 （　　）内に適切な語を入れなさい。
  両親は私をコンサートに行かせてくれた。
  My parents (　　) me (　　) to the concert.

⑧ **People read books to learn, to escape, and to maintain humanity.**
- to learn、to escape、to maintain humanity は「～するために」という意味の不定詞句で、read books の目的を表している。

⑨ **Thanks to books, people did not give up the hope that they would be able to live peacefully again someday.**
- give up ～は「～をあきらめる、(希望などを) 捨てる」の意味。
- この文の hope は「希望」という意味の名詞で、that は同格を表す接続詞。「they would be able to live peacefully again someday という希望」という意味になる。なおこの they は people をさす。

⑩ **For those who did not even like reading before the war, reading became a shield against the bombings.**
- 〈for those ＋ who ＋動詞〉で「～する人々にとって」という意味になる。ここでは who のあとが否定文になっている。
- コンマのあとの reading は動名詞で「本を読むこと」の意味。この文の主語になっている。

Section 5

教科書p.165 *l*.12~p.165 *l*.23

 読解のポイント

1. ダラヤの人々は、本を読むだけでなく何をするために図書館に来ましたか。
2. 人々は図書館で、自分が持っている何をほかの人たちに伝えようとしましたか。

① Since its opening, the library had become more than just a library. ② It was a meeting place, tea room, education center, and even a place of entertainment for the people in Darayya.

③ They came to the library not only to read, but also to get together and interact with each other. ④ They often had debates about democracy and revolution. ⑤ Some classes, such as English and political science, were also held at the library. ⑥ People were trying to pass on the knowledge they had to others. ⑦ Sometimes they watched movies and even danced there.

A library user said, "In a sense, the library gave me back my life. ⑧ It has helped me meet others more mature than me. ⑨ I can discuss issues with them and learn things from them. ⑩ I would say that just as the body needs food, the soul needs books."

A B C 単語・語句の研究

☐ more than ~	～にとどまらない **例** For me, the dog is more than a pet; he is my family. （私にとって、その犬はペットにとどまらない。彼は私の家族だ）
☐ **entertainment** [èntərtéinmənt]	图 娯楽、気晴らし **参考** entertain（楽しませる、もてなす）、entertainer（エンターテイナー）
☐ interact [intərǽkt]	動 交流する、ふれあう **参考** interaction（ふれあい）
☐ interact with ~	～と交流する **例** They interact with each other online. （彼らはインターネット上で互いに交流する）
☐ in a sense	ある意味では **例** In a sense, he was right. （ある意味では、彼は正しかった）

☐ give ~ back ... 　～に…を返す
　　　　　　　　　　　🔲 I'll give you back this pen tomorrow.
　　　　　　　　　　　（明日あなたにこのペンを返します）

☐ **mature** [mətjúər]　　形 成熟した

 解説

① **Since its opening, the library had become more than just a library.**
- この its は the library's の意味。opening は「開館」という名詞。
- 〈had + 過去分詞〉は完了の意味を表す過去完了。
- 確認　（　　　）内に適切な語を入れなさい。
　　　私たちが駅に着いたときには、電車は出発してしまっていた。
　　　The train (　　　) (　　　) when we got to the station.

② **It was a meeting place, tea room, education center, and even a place of entertainment for the people in Darayya.**
- It は前文の the library をさす。

③ **They came to the library not only to read, but also to get together and interact with each other.**
- not only A but also B は「A だけでなく B も」という意味。
- to read と to get together and interact with each other はいずれも「〜するために」という目的を表す。

④ **They often had debates about democracy and revolution.**
- have debates は「議論する」の意味。

⑤ **Some classes, such as English and political science, were also held at the library.**
- such as ~ は「〜などの」の意味。such as English and political science の部分が Some classes の具体例になっている。

⑥ **People were trying to pass on the knowledge they had to others.**
- pass on ~ to ... で「〜を…に伝える」の意味。

● the knowledgeをthey hadが後ろから直接修飾している。ここのtheyは
Peopleをさす。

⑦ **Sometimes they watched movies and even danced there.**
　● there は in the library ということ。

⑧ **It has helped me meet others more mature than me.**
　● It は the library をさす。
　● 〈help + O + (to +) 動詞の原形〉で「Oが〜するのを助ける、Oが〜する
　のに役立つ」の意味。
　● more mature than me は others を後ろから修飾している。

⑨ **I can discuss issues with them and learn things from them.**
　● discuss 〜 with ... で「…と〜を話し合う」という表現になる。

⑩ **I would say that just as the body needs food, the soul needs books.**
　● I would say 〜. は「私の考えでは〜だと思う」という意味の文。

Section 6
教科書p.166

 読解のポイント

1. ダラヤの包囲攻撃はどのくらいの期間続いていましたか。
2. 新たな町で、アフマドさんは何を始めましたか。

In August, 2016, people in Darayya yielded to the government order and left their own town. ① The siege of Darayya, which lasted for three years and nine months, finally ended.

② Although the name of the town "Darayya" means "many houses" in old Syrian, there were no houses left in the town after the frequent air raids. ③ Their secret library was destroyed after the forced eviction, and the books were sold for little money on the side of the streets. ④ Those were the books Ahmad and his friends wrote the owners' names on. ⑤ Ahmad said, "A town could be destroyed, but the minds of people could not."

⑥ Ahmad settled in a new town and started a traveling library. ⑦ He loads hundreds of books in a van painted bright colors and drives around the town. ⑧ His project enables children who have been deprived of learning opportunities to gain access to books. ⑨ He says, "Our aim is to raise their intellectual capabilities, to broaden their understanding, and to motivate them to search for knowledge and culture."

A B C 単語・語句の研究

☐ **yield(ed)** [jíːld(id)]	動 屈する、譲る
☐ yield to ～	～に屈する 例 They yielded to the enemy. （彼らは敵に屈した）
☐ **siege** [síːdʒ]	名 包囲 (攻撃)
☐ **Syrian** [síriən]	名 シリア語、シリア人
☐ **frequent** [fríːkwənt]	形 頻繁な 参考 frequently（頻繁に）、frequency（頻繁さ）
☐ **raid(s)** [réid(z)]	名 襲撃、急襲
☐ air raid	空襲
☐ **eviction** [ivíkʃn]	名 立ち退かされること

☐ traveling library	移動図書館
☐ **load(s)** [lóud(z)]	動 (荷物を) 積む 参考 load (積み荷)
☐ **deprive(d)** [dipráiv(d)]	動 奪う
☐ deprive ~ of ...	～から…を奪う 例 Worrying deprived me of sleep. (心配事が私から眠りを奪った)
☐ intellectual [intəléktʃuəl]	形 知性の、知的な
☐ **capabilities** [kèipəbílətiz] **<capability**	名 能力、才能 参考 capable ((～する) 能力がある)
☐ **broaden** [brɔ́:dən]	動 広げる、深める 参考 broad ((幅の) 広い、多様な)
☐ **understanding** [ʌ̀ndərstǽndiŋ]	名 知識、理解 (すること) 参考 understand (理解する)

 解説

① **The siege of Darayya, which lasted for three years and nine months, finally ended.**

- , which lasted for three years and nine months, の部分は非制限用法の関係代名詞節。The siege of Darayya に後ろから情報を付け加えている。
- 確認 次の英文を日本語にしなさい。
  - ア．I have a brother, who goes to college in Kyoto.
    (   )
  - イ．I saw a science fiction movie, which was exciting.
    (   )

② **Although the name of the town "Darayya" means "many houses" in old Syrian, there were no houses left in the town after the frequent air raids.**

- 〈Although S' + V', S + V.〉は「S'はV'だが、SはVだ」という文。

③ **Their secret library was destroyed after the forced eviction, and the books were sold for little money on the side of the streets.**

- forced は force「強制する」の過去分詞を形容詞的に使って eviction を修飾している。

221

④ **Those were the books Ahmad and his friends wrote the owners' names on.**
- Those は前文の the books、つまり売られてしまった本をさす。
- the books を Ahmad and his friends wrote the owners' names on が後ろから修飾している。on は the books にかかっている。「本（の上）に所有者の名前を書いた」ということ。

⑤ **Ahmad said, "A town could be destroyed, but the minds of people could not."**
- この文の could は「～かもしれない」という仮定を表す。
- 文の最後の could not のあとには be destroyed が省略されている。英語ではくり返しを避け、同じ語句が続くときに2回目を省略することがある。ここの could not は「～であるはずがない」という意味。

⑥ **Ahmad settled in a new town and started a traveling library.**
- settle in ～は「～に落ち着く、定住する」の意味。

⑦ **He loads hundreds of books in a van painted bright colors and drives around the town.**
- load ～ in ... で「…に～を積む」という意味になる。

⑧ **His project enables children who have been deprived of learning opportunities to gain access to books.**
- 〈S + enable ... to +動詞の原形〉で「Sが、…が～できるようにする、Sのおかげで…が～できるようになる」という意味になる。
- who have been deprived of learning opportunities は主格の関係代名詞で、直前の名詞 children を修飾している。
- deprive ～ of ... は「～から…を奪う」の意味。ここでは受け身の形で使われている。

⑨ **He says, "Our aim is to raise their intellectual capabilities, to broaden their understanding, and to motivate them to search for knowledge and culture."**
- " " の中は Our aim を主語、to raise ～を補語とする SVC の文。

222

確認問題

1 下線部の発音が同じものには○、違うものには×を（　　）に書き入れなさい。

(1) l<u>o</u>cate — c<u>o</u>nflict　（　　　　）

(2) s<u>ie</u>ge — fr<u>e</u>quent　（　　　　）

(3) l<u>oa</u>d — <u>ow</u>ner　（　　　　）

(4) m<u>i</u>ssion — w<u>i</u>pe　（　　　　）

(5) b<u>a</u>dly — cr<u>a</u>zy　（　　　　）

2 □ から最も適切な語を選び、（　　）に書き入れなさい。

(1) She wrote (　　　) my e-mail address.

(2) This guitar belongs (　　　) my sister.

(3) He gave me (　　　) my dictionary today.

(4) I read an average (　　　) five books a month.

(5) The students interact (　　　) foreign people in town.

to	with	down	of	back

3 日本語に合うように、（　　）内に適切な語を入れなさい。

(1) 私は彼がバスに乗るのを見た。

I (　　　) him (　　　) on the bus.

(2) 私が起きたとき、妹はすでに朝食を終えていた。

When I got up, my sister (　　　) already (　　　) breakfast.

(3) 彼女にとってその状況で正気を保つのは難しかった。

It was difficult for her to (　　　) herself (　　　) in the situation.

(4) 彼は私にとって友だち以上のものだ。

He is (　　　) (　　　) a friend for me.

(5) 父は私が昼食を料理するのを手伝ってくれた。

My father (　　　) me (　　　) lunch.

4 日本語に合うように、（　　）内に適切な語を入れなさい。

(1) ある意味では、彼は天才だ。

（　　）a（　　　）, he is a genius.

(2) これ以上待っているのは意味がない。

There is（　　）（　　　）in waiting more.

(3) 彼女が言ったことは言い訳にすぎない。

What she said is（　　）（　　　）an excuse.

(4) 確実にドアに鍵をかけてください。

（　　）（　　　）the door is locked.

(5) 内戦は何年も続いた。

The（　　）（　　　）lasted for many years.

5 次の英語を日本語に訳しなさい。

(1) I bought a blue cap, which is made in Italy.

_____

(2) I felt something touch my leg.

_____

(3) I don't yield to their pressure.

_____

6 日本語に合うように、[　　]内の語句を並べかえなさい。

(1) あなたに1つ質問させてください。

[ask / a question / you / me / let].

_____.

(2) 私は何かが床に落ちるのを聞いた。

[something / on / I / fall / heard] the floor.

_____ the floor.

(3) その戦争が彼から家族を奪った。

The war [his family / him / deprived / of].

The war _____.

7 次の英文を読み、設問に答えなさい。

In August, 2016, ①people in Darayya (   ) (   ) the government order and left their own town. ②The siege of Darayya, which lasted for three years and nine months, finally ended.

Although the name of the town "Darayya" means "many houses" in old Syrian, there were no houses left in the town after the frequent air raids. Their secret library was destroyed after the forced eviction, and the books were sold for little money on the side of the streets. Those were the books Ahmad and his friends wrote the owners' names on. Ahmad said, "A town could be destroyed, but the minds of people could not."

Ahmad settled in a new town and started a traveling library. He loads hundreds of books in a van painted bright colors and drives around the town. His project enables ③[deprived / who / been / children / have / of] learning opportunities to gain access to books. He says, "④Our aim is to raise their intellectual capabilities, to broaden their understanding, and to motivate them to search for knowledge and culture."

(1) 下線部①が「ダラヤの人々は政府の命令に屈した」という意味になるように、(   )にそれぞれ適する語を入れなさい。

people in Darayya ＿＿＿＿＿ ＿＿＿＿＿ the government order

(2) 下線部②を日本語に訳しなさい。

＿＿＿＿＿＿＿＿＿＿＿＿＿＿＿＿＿＿＿＿＿

(3) 下線部③が「学ぶ機会を奪われてきた子どもたち」という意味になるように、[   ]内の語を並べかえなさい。

＿＿＿＿＿＿＿＿＿＿＿＿＿＿ learning opportunities

(4) 下線部④を日本語に訳しなさい。

＿＿＿＿＿＿＿＿＿＿＿＿＿＿＿＿＿＿＿＿＿

(5) 本文の内容に合うように、次の質問に英語で答えなさい。

What does "Darayya" mean in old Syrian?

＿＿＿＿＿＿＿＿＿＿＿＿＿＿＿＿＿＿＿＿＿

マイウェイ E.C. II

教科書ガイド

解答

| 確認

Section 1 ⑩ ア that 　　　　　イ what

Section 2 ④ ア if[whether] she 　イ whether they

Section 3 ④ ア him if[whether] 　イ me that

確認問題

1 (1) ○ 　(2) ○ 　(3) ○ 　(4) × 　(5) ×

2 (1) leisure（スキーは最も人気のあるレジャー活動の1つだ）
　(2) what（あなたが誕生日にほしいものを私に教えてください）
　(3) that（彼は、私たちがその問題を解決できると信じている）
　(4) at（当時、ケニアはイギリスの植民地だった）
　(5) perform（そのピアニストは今夜演奏する予定だ）

3 (1) allowed 　(2) gradually 　(3) religion 　(4) backgrounds
　(5) quietly

4 (1) is known 　(2) those days 　(3) decide on 　(4) pass on
　(5) a result

5 (1) この選手はその試合の勝者だ。
　(2) 私は彼がハワイ出身だと知っている。
　(3) 私にはこの話が本当かどうかわからない。

6 (1) of chocolate dates back to
　(2) I wonder whether she watched
　(3) We asked him what he had

7 (1) dates back to
　(2) ② エ 　③ イ
　(3) したがって、外にいる誰かが窓越しに見ても、その人は彼らが踊っているかどうかわからなかった。
　(4) stamping
　(5) No, they didn't.

8 (1) ウ
　(2) was
　(3) asked themselves if there was
　(4) 彼らは争いの勝者を決めるために、ブレイクダンスを使い始めた。
　(5) expressed
　(6) Fights between gangs did.

確認

Section 1　④ ア It, to go　　イ It, for, to
　　　　　　⑨ It, that

Section 2　② it, to

Section 3　⑧ ア I consider it clear that Mike will like
　　　　　　イ I found it true that Kaoru played

確認問題

1 (1) ×　　(2) ○　　(3) ○　　(4) ×　　(5) ○

2 (1) pronounce（あなたの名前はどのように発音するのですか）
　　(2) avoid（私は雨を避けるためにカフェに入った）
　　(3) audience（観客は彼女のダンスに感動した）
　　(4) expect（私はあなたがパーティーに来てくれることを期待している）
　　(5) rhythm（私はこの歌のリズムが好きだ）

3 (1) It is, for, to　　(2) Is it, that　　(3) it, to　　(4) it, that
　　(5) It is[was], that

4 (1) happened to　　(2) familiar with　　(3) replaced, with　　(4) In short
　　(5) Generally speaking

5 (1) 私には彼の英語を理解することは難しい。
　　(2) 彼女はかばんを見つけるのは不可能だと思った。
　　(3) 私は今日ビルが学校に来ないのを不思議に感じた。

6 (1) It is true that our team won
　　(2) It is important for you to meet Mr. Sato
　　(3) She found it difficult to answer

7 (1) happened to see
　　(2) to understand the whole story
　　(3) 一般的に言えば、私はそのとき落語界に入るには年を取りすぎていた。
　　(4) it was surprising that he accepted me
　　(5) 彼は私が将来、落語を世界に広めるのを期待していた。

8 (1) I consider it important to keep
　　(2) in
　　(3) familiar with
　　(4) 私は（日本の）鶴をフラミンゴに取りかえた
　　(5)「フラミンゴ」という単語が彼らの心をフロリダに連れて行った。

LESSON 3

確認

Section 1　② ア been walking　　イ has been reading
　　　　　　　⑤ ア have been　　　　イ has lived
　　　　　　　⑨ ア have been waiting　イ has been practicing
Section 2　⑧ ア had finished　　　イ had taught
Section 3　④ ア had been sleeping　イ had been looking

確認問題

1 (1) ×　　(2) ×　　(3) ×　　(4) ○　　(5) ×
2 (1) looking（私はノートを探しています。それを見ませんでしたか）
　(2) graduate（妹は今度の3月に中学を卒業する）
　(3) eating（アンは朝食を食べずに家を出た）
　(4) scared（その男の子は通りを渡るのが怖かった）
　(5) roared（ライオンは起き上がってほえた）
3 (1) has lived　　(2) has been studying　　(3) had been sleeping
　(4) had been　　(5) had been
4 (1) in danger　　(2) In fact　　(3) key to　　(4) Above　　(5) resource
5 (1) エミは2時間電話で話し続けている。
　(2) ジョンは日本に来る前に10年間日本語を勉強していた。
　(3) 私はその会議の前、一度も彼に会ったことがなかった。
6 (1) Have you ever played
　(2) It has been snowing for three days
　(3) had been practicing until it got dark
7 (1) working
　(2) アフリカのゾウたちは長年の間、絶滅の危機にあり続けている。
　(3) ウ
　(4) I have been living in a tent in the savanna for
　(5) In fact
　(6) ライオンが夜に自分のテントの近くでほえている（のを聞く）こと

確認

⑤ ア get[ride]　　イ knock

③ ア opened　　イ touched

④ ア had, repaired[fixed]　イ have, cut

⑧ ア help, move　　イ helped, cook

確認問題

1 (1) ○　　(2) ×　　(3) ×　　(4) ×　　(5) ×

2 (1) from(テーブルマナーは国によって違う)

(2) along(私の兄は留学している。彼はそこでうまくやっている)

(3) in(新しい計画が進行中だ)

(4) online(あなたは店で買い物するのとインターネット上で買い物するのとどちらを好みますか)

(5) skillfully(その少年は上手にテニスをする)

3 (1) notice, broken　　(2) felt, touch　　(3) has, cut　　(4) helped, carry

(5) make, understood

4 (1) care for　　(2) in jail　　(3) from, to　　(4) early[soon] as, can

(5) birth

5 (1) 私は彼のお父さんが怒るのを一度も見たことがない。

(2) マリコは家をそうじしてもらった。

(3) 彼女のアドバイスは私の問題を解決するのに役立った。

6 (1) Pat heard someone say hello

(2) People helped them build the school

(3) We had our furniture carried to our new house

7 (1) new characters

(2) viewers saw a new character introduced

(3) アレックスの父親は刑務所にいる。

(4) make, feel

(5) care for

(6) They learn about current social problems.

確認

Section 1　② which has
　　　　　　　⑦ who lives
Section 2　② ア in which　　イ on
Section 3　⑥ 私にはおじがいるが、彼は名古屋で働いている。
Section 4　⑩ where

確認問題

1　(1) ×　　(2) ○　　(3) ○　　(4) ×　　(5) ○
2　(1) rid（私は新しい服を買う前に古いものを処分したい［取り除きたい］）
　　(2) major（あなたは大学で何を専攻するつもりですか）
　　(3) keep（挑戦し続けましょう）
　　(4) collaborate（ほかの人たちと協力するのはよいことだ）
　　(5) step（花を踏まないで）
3　(1) who[that]　　(2) which[that]　　(3) where　　(4) in which
　　(5) which
4　(1) all, time　　(2) came across　　(3) changed, into　　(4) into practice
　　(5) Not everything
5　(1) 私は3匹犬を飼っていて、それらの犬には黒ぶち模様がある。
　　(2) 私は図書館へ行き、そこでたくさんの英語の本を見つけた。
　　(3) 今日は晴れていて、そのことは私の気分をよくした。
6　(1) to everyone who attended the meeting
　　(2) That's the house where he lived
　　(3) I gave him a cap, which I bought
7　(1) which
　　(2) She was fascinated by the people who were smiling
　　(3) 彼女は事業を始めて、そこの人々と協力したかった。
　　(4) came across
　　(5) Herbs
　　(6) She moved to Cambodia.

▌確認

Section 1	⑥ fell, love
Section 2	⑦ 私たちが図書館で会った少女は私の姉[妹]のクラスメートだ。
Section 4	③ ア had gone　　イ had talked
Section 5	⑦ can be used
Section 6	① speaking　　② asked, if　　③ let, go　　⑥ or　　⑧ as if, knew
Section 7	② never read　　⑥ バスはちょうど出発してしまった。

確認問題

1 (1) ×　　(2) ×　　(3) ○　　(4) ○　　(5) ×

2 (1) out（姉はイギリスへの旅に出た）
　(2) in（あなたはどうやって彼女のうそを見破ったのですか）
　(3) by（グリーン先生が私たちの学校に来てから3か月が過ぎた）
　(4) with（私たちはひとめでお互いに恋に落ちた）
　(5) of（私には今あなたのアドバイスは必要ない）

3 (1) Let me　　(2) has never　　(3) had studied　　(4) has, broken
　(5) as if

4 (1) another　　(2) friends with　　(3) responsible for　　(4) even though[if]
　(5) keep silent

5 (1) 今（すぐ）起きなさい、さもないと学校に遅れますよ。
　(2) 私はあなたのお姉さん［妹さん］が公園で走っているのを見た。
　(3) 彼は私に、（私が）彼と一緒に行きたいかどうかたずねた。

6 (1) The book I bought yesterday was interesting
　(2) the train had already arrived
　(3) The beautiful sea can be seen from

7 (1) ア 王様　　イ うぬぼれが強い　　ウ （悪賢い）実業家　　エ 地理学者
　(2) The last planet he visited was
　(3) 彼は彼を故郷に戻す力を持っていると主張する黄色いヘビに出会った

8 (1) I saw the prince talking to
　(2) 彼はヘビに、それ［ヘビ］の力で自分の惑星に戻れるかどうかたずねていた。
　(3) or
　(4) kept silent
　(5) 黄色いヘビ
　(6) (He was trying to return) By letting the snake bite him.

確認

③ ア may be 　　イ should read

　　　　　　　⑦ ア can help 　　イ must be

⑤ ア would like 　　イ Could you 　　　ウ might be

⑨ ア must have 　　イ may, visited 　　ウ should have said

⑥ ア have rained 　　イ appears[seems], known 　　ウ said, have

確認問題

1 (1) × 　　(2) ○ 　　(3) × 　　(4) × 　　(5) ○

2 (1) divide (ケーキを 4 切れに分けましょう)

　　(2) forced (その戦争中、子どもたちは働くことを強制された)

　　(3) submitted (あなたはもうレポートを提出しましたか)

　　(4) look (バラの花を見てください。それらは美しいです)

　　(5) turns (水は 0 度で氷に変わる)

3 (1) may[might] be 　　(2) must be 　　(3) should have gone 　　(4) Could you

　　(5) have been

4 (1) edge of 　　(2) origin 　　(3) gallery 　　(4) in common 　　(5) border

5 (1) 私はもう 1 杯コーヒーを飲みたいです。

　　(2) あなたは若いころこの本を読んだかもしれない。

　　(3) 私は自分のパスワードを忘れたように思われる。

6 (1) My sister appears to have caught a cold

　　(2) Lisa must have seen the man

　　(3) I would like to know your opinion

7 (1) 住み、働くことを強制された場所

　　(2) would like to tell their history

　　(3) バゴットの若いメンバーたちは、コミュニティの歴史についてより多く学び、誇りの気持ちを感じているように思われる

　　(4) (the) murals

　　(5) look at

　　(6) (They celebrate) The indigenous people's culture and their personal stories.

確認

Section 1 ③ ア Eating[Having] breakfast   イ Being tired

Section 2 ⑥ ア Seen from   イ Helped by

Section 3 ⑥ ア Having played   イ Having gotten

Section 4 ⑦ ア With, closed   イ With, looking

確認問題

1 (1) ×   (2) ○   (3) ○   (4) ×   (5) ○

2 (1) depending（学校によって規則は異なる）
(2) refers（「トモダチ」は英語で友だちを示す）
(3) serves（その学校は、必要な時に一時的な避難所として機能する）
(4) inferior（私は私たちのチームが劣っているとは思わない。勝とう）
(5) confident（スピーチをするときは自信を持ちなさい）

3 (1) Walking   (2) Not having   (3) Having read   (4) with, closed
(5) having visited

4 (1) mother tongue   (2) common language   (3) native speaker
(4) spelling   (5) rarely

5 (1) 雪に覆われて、庭がより美しく見えた。
(2) 何を言えばよいかわからなかったので、私は黙っていた。
(3) 彼女は目に涙を浮かべて部屋を出て行った。

6 (1) She was doing her homework, watching a drama
(2) Written in Spanish, the message was difficult
(3) to me with his arms folded

7 (1) 話者の大部分によって話され（てい）る英語
(2) 英語のノンネイティブスピーカーのほうがネイティブスピーカーより多い（状況）
(3) on, occasions
(4) With this concept kept in mind
(5) (They respect) The varieties of English and the cultural backgrounds of others.

LESSON 8

確認

Section 1	⑧ ア could go	イ If, were	
Section 2	⑩ ア had been	イ would have gone	
Section 3	⑨ ア Without, could	イ But for	
Section 4	③ ア No matter how	イ No matter where	ウ No matter what

確認問題

1 (1) ×　　(2) ○　　(3) ○　　(4) ×　　(5) ×

2 (1) with（私はそのコップをオレンジジュースで満たした）
(2) in（子どもたちは日なたに寝そべっている）
(3) to（私はそのニュースを読んで衝撃を受けた）
(4) that（このコーヒーはとても熱いので、私はそれを飲むことができない）
(5) on（宿題に取り組もう）

3 (1) were, would call　　(2) had, rained, have played
(3) Without, have given　　(4) No matter how

4 (1) speeded up　　(2) not always　　(3) so that　　(4) solve　　(5) effective

5 (1) もし私が魚だったら、上手に泳げるのに。
(2) もし彼が私を手伝ってくれていたら、私はその仕事を終えることができたのに。
(3) たとえ人が何を言おうと、私は決してあきらめません。

6 (1) If I knew his e-mail address, I would send
(2) No matter how fast I run, I won't
(3) If I had taken that train, I would have arrived

7 (1) エ
(2) fill plastic bottles with dirty water
(3) speed up
(4) もし私がそのとき研究室を持っていたならば、私は複雑な実験ができただろうに。
(5) laboratory
(6) It's too slow.

LESSON 9

確認

Section 1 ⑩ ア fact that　　イ belief that

Section 2 ⑥ ア from his father that Nancy got the guitar on her birthday
　　　　　　イ on her birthday that Nancy got the guitar from his father

Section 3 ⑧ ア Never does, tell　　イ Little did, have

Section 4 ⑤ ア 朝食は父によって、そして夕食は母によって作られる。
　　　　　　イ 私は皿を洗いながら音楽を聞いた。

確認問題

1 (1) ○　　(2) ×　　(3) ×　　(4) ×　　(5) ○

2 (1) down（この地域では天候が悪化しつつある）
(2) against（その患者は病気と戦っている）
(3) in（その規則は生徒のためにある）
(4) about（私たちはあなたの健康について心配している）
(5) of（皆が価値ある人間だ）

3 (1) that she　　(2) have I seen　　(3) It, that[who]　　(4) did I
(5) that we

4 (1) living, life　　(2) came into, world　　(3) prevented, from
(4) made, speech　　(5) arrested

5 (1) ボブはそのおもちゃを使いたがったが、ほかの男の子たちは使いたがらなかった。
(2) 私は家に帰るまで、鍵をなくしたことに気づいていなかった。
(3) ナンシーが大学で学んでいるのは宇宙科学だ。

6 (1) the idea that money can buy everything
(2) was my grandfather that built the famous temple
(3) went to the movies when young

7 (1) in, 20s[twenties]
(2) ウルグアイの経済［景気］が悪化した
(3) イ
(4) rich people
(5) It was 13 years that Mujica spent
(6) (He was released from jail) In 1985.

確認問題

1 (1) ×　　(2) ×　　(3) ○　　(4) ○　　(5) ×

2 (1) as（10時より前に帰宅する限り、そのコンサートに行っていいです）
(2) out（少女たちは明けても暮れてもバスケットボールを練習した）
(3) at（生徒たちは一度に立ち上がった）
(4) in（私たちは音楽が大好きだという点で似ている）
(5) of（私たちの歴史の先生は広い範囲の知識がある）

3 (1) should be taken　　(2) Isn't it　　(3) go on　　(4) good point
(5) Besides

4 (1) In particular　　(2) pointed out　　(3) as, whole
(4) zoom in　　(5) understand what

5 (1) その女性は睡眠障害に苦しんでいる。
(2) 彼は最善を尽くした、そしてそのことが私を感動させた。
(3) 朝食を食べることは大切だと思う。

6 (1) The glasses enable me to see things
(2) He is addicted to social media
(3) I'm wondering what I should do

7 (1) 学校に e スポーツクラブを設立する［作る］という考え
(2) As long as the Internet is available
(3) 身体的に障がいのある人々がスポーツをすることを可能にする。
(4) (They are) Billiards, fishing, and chess.

確認

Section 1 ② ア who   イ which   ⑤ had, gone

Section 2 ⑨ ア felt, shake   イ saw, come

Section 3 ⑫ might be

Section 4 ⑤ help you carry   ⑦ let, go

Section 5 ① had left

Section 6 ① ア 私には兄［弟］がいるが、彼は京都の大学に通っている。
　　　　　イ 私はSF映画を見たが、それは刺激的だった。

確認問題

1 (1) ×   (2) ○   (3) ○   (4) ×   (5) ×

2 (1) down（彼女は私のメールアドレスを書きとめた）
　　 (2) to（このギターは姉のものだ）
　　 (3) back（彼は今日私の辞書を私に返してくれた）
　　 (4) of（私は月に平均5冊の本を読む）
　　 (5) with（生徒たちは町の外国人たちと交流する）

3 (1) saw, get   (2) had, finished[eaten]   (3) hold, together
　　 (4) more than   (5) helped, cook

4 (1) In, sense   (2) no point   (3) nothing but   (4) Make sure
　　 (5) civil war

5 (1) 私は青い帽子を買ったが、それはイタリア製だ。
　　 (2) 私は何かが私の脚に触れるのを感じた。
　　 (3) 私は彼らの圧力には屈しない。

6 (1) Let me ask you a question
　　 (2) I heard something fall on
　　 (3) deprived him of his family

7 (1) yielded to
　　 (2) ダラヤの包囲（攻撃）は、3年9か月続いたが、ついに終わった。
　　 (3) children who have been deprived of
　　 (4) 私たちの目標は、彼らの知的能力を高め、彼らの理解を広げる［深める］ことだ
　　 (5) It means "many houses."

Lesson 4

Lesson 7 For Your Information

Kachru B. B., (1997). World Englishes 2000: Resources for research and teaching.
In L. E. Smith & M. L. Forman (Eds) *World Englishes* 2000 (pp.209-251).
Honolulu, HI: University of Hawaii Press

Reading 1

Adapted from Antoine de Saint-Exupéry, "Le Petit Prince"